うとおもわないことです。
十分行っただけのことを
したとおもいます。ごくろう
さまでした
あとはゆっくりした気持で
ニューヨークなりどこなりを
こだわらない目で見てきて下さい
ロサンゼルスの近くのディズニーランド
へ寄れたら、きっといいとおも
います。そのときはサンタフェ
鉄道のS10の模型が走っている
筈ですから、カラーでとってきて
下さい
こちらは順調です。君がいないの
でもちろんガタピシしています
が、みんな力を合せて、そのすき
まをうめていますから、あん心して
下さい。倅のこと、心配していいます

あけて びっくり
おたのしみ

↓4面につづく

「暮しの手帖」とわたし

大橋鎮子

「暮しの手帖」とわたし　目次

装丁に使われた絵と手紙は、
昭和三十三年、視察旅行で
アメリカ滞在中の大橋鎭子に宛てて
花森安治が送ったもの。

装画・挿絵　花森安治
ブックデザイン　若山嘉代子 L'espace
編集　田中真理子

「暮しの手帖」とわたし

先輩のこと

石井好子

大橋鎮子さんとは第六高女の先輩、後輩という間柄です。住んでいた家が近くで学校に通うバスが同じでしたから、お話を交わすことがありました。でも「あなた何年？」とか声をかけていただいてそれに私が答える、そのぐらい。先輩だから、バスに乗り合わせると私はお辞儀して、恐縮して。卒業してからも特におつきあいはしていませんでした。

ところが、戦後の一九四八年、今でもよく覚えているのですが、ある日鎮子さんがうちを訪ねてきてくださった。玄関先にいらして「話があるのよ」と。

「今度、花森安治さんという方と素晴らしい本を作ります。あなたこれから仕事をしていくんでしょうから、参加しない？」

当時、私は結婚して別れて、独りになっていました。鎮子さんはそれを知って、それで声をかけてくださったんですね。これから一生かけてやろうという仕事に誘ってくださった。

感謝しています。

でも私は、有名でもなんでもなかったけれど、すでにジャズ歌手として歌っていて、歌唄いで立っていきたいと思っていました。だからそうお伝えして、その話はなくなったんです。

その後私は長く、アメリカやフランスに住み、主にパリで歌っていました。

そうして一九五四年ごろ、そろそろ日本に落ち着かなくてはと思っていたときに、今度は「原稿を何か書いてみない？」と声をかけてくださった。「原稿なんか書いたことない」とお話ししたら、「パリから帰ってきたんだからパリのこと書きなさいよ」と。

それで「日本米に一番近いお米でおいしくごはんを焚く方法」について短い随筆みたいなものを書いたんです。

それを花森先生がごらんになって「もうひとつ食べ物について長いものを書いてごらん。あなたは食いしん坊だからきっとおいしそうな文章が書けるよ」とおっしゃった。確か十七枚って。最初はそんな長いものは……と思ったけれど、書くのが嫌ではなかったんです。考えて「玉子なら誰でも食べるし、食べたことのない人はいない。誰でも食べられるもののことを書くのがいいんじゃないかしら」という発想だけで書いたのが、「オムレツ」でした。「巴里の空の下オムレツのにおいは流れる」

というしゃれたタイトルをつけてくださったのは花森先生でした。

原稿を花森先生に見ていただいたとき、毒舌な方だから、鎮子さんに「君の友だちにもましな人がいるんだねえ」と。まあ私を褒めてくださったんです。一度だけですけど。

そして花森先生に「これを続けろ」と言っていただいて次々と思い出の食べものを書き、「暮しの手帖」で連載が始まりました。それが一冊の本「巴里の空の下オムレツのにおいは流れる」にまとまり、ベストセラーになって。思いがけず一九六三年に日本エッセイストクラブ賞をいただいたのです。

授賞式の日は地方公演があって、出席できなかったんですが、娘びいきの父が代わりにゆくと言って賞をいただいてきて、思わぬ親孝行もできました。

お祝いに花森先生が帝国ホテルの一室で小さな夕食会をしてくださいました。父と母と姉弟、家族と友だちを一人二人呼んでいただいて、「本当においしいものを食べさせてあげるよ」と。村上料理長も挨拶に来てくださいました。

最後にラズベリーの赤いスフレのデザートがでてきて、花森先生が「これが今日の一番のごちそうだよ」とおっしゃったのを覚えています。そういうとき鎮子さんはいつでも先生の陰にいる。先生を立てて。

そして、鎮子さんは後輩や親友を、応援できる立場にいるならとにかく応援しようという気持ちをいつでも持っているんです。

私には音楽学校にも、ジャズの世界にも、シャンソンの世界にも先輩はいる。でも先輩ということで一番に思い浮かぶのは鎮子さん。お互いずっと仕事を持ってきましたから、いつもいっしょにいるわけでもない。でも、かなめかなめに鎮子さんはいて、どんなときも私の身になってものを考えてくださる。いつしかこの人ならなんでもしゃべれる、大切な存在になっていました。

当時、暮しの手帖社は東麻布にあり、たまに寄ることもありました。私にとってはとても居心地がよくて、そこに行けば会いたい人がいて、教わることもいっぱいあって、おいしいものもある、そんな場所だったのです。

初めて行ったときはびっくりしました。会社というより「仕事をしているおうち」、という感じがして。入口に雑然と靴が脱いであって、スリッパを履いて階段を上っていく。お台所やテーブルがある広い部屋では、お昼になればご飯を作って食べているし、コックさんに作ってもらっている人もいる。家庭的であたたかくて。そこから生まれるチームワークがなければ、あの「暮しの手帖」は作れなかったのではないでしょうか。

他の会社にはない人のアンサンブル、集まり。それを支えていたのが鎮子さんだと思います。

花森先生は厳しい方でしたから、鎮子さんはよくずけずけと怒られていました。でもなんだか花森先生は鎮子さんに対して安心して怒ってるような、私にはそう見えました。「暮しの手帖」はどちらが欠けてもできなかったと思うのです。

一九九四年に鎮子さんが東京都文化賞をおもらいになったとき、私は審査員をやっていたので、決定するやすぐに駆け出して暮しの手帖社に行ってそれを伝えました。そして「あなたは今まで人のために尽くしてばかりいたけれど、今度は私たちが大きなパーティを企画するからいいかしら？」と言ったら、鎮子さんはうっすら涙を浮かべて「あなた、本当の友だちだわ」と言ってくださいました。

いつもいつも裏に回って、裏方で人を立てたり応援したりという方でしょう。その方に花を持たせたいという私の気持ちだったのですが、あれほど喜んでくださるとは思わないぐらい喜んでくださった。その会がはじまりで、年に一回集まっておいしいものを食べて話す「バラの会」もできました。

ようやく先輩に、少しだけですがお返しができたかな、と思ったのは、うちを訪ねてくださってから約五十年後のことでした。

本文中の引用部分の表記は、ほぼ原文のまま掲載しました。

一　花森安治と出会う

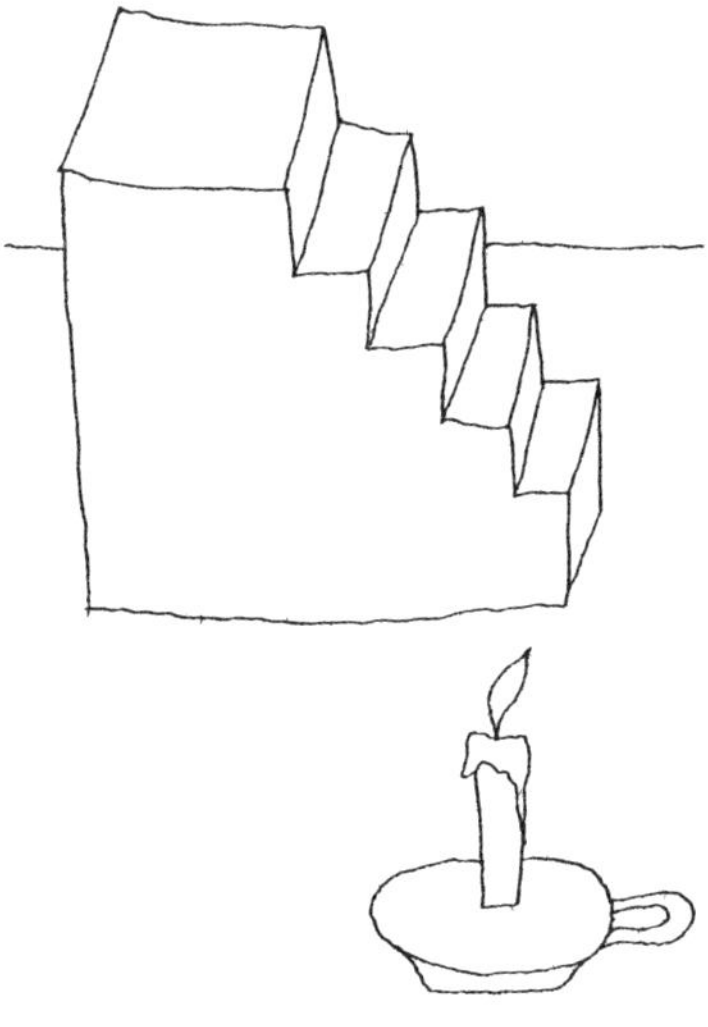

私にできるのは本や雑誌を作ること

それは、運命的出会いだったと思います。あの日あの時、花森安治《はなもりやすじ》さんと出会い、おしゃべりしたということは……でなかったら、今の「暮しの手帖」がなかったわけです。タイミングと決断ということがどんなに大事なことか、つくづくと思います。

昭和十六年から戦後にかけて、私は日本読書新聞に勤めておりました。日本読書新聞というのは、いろんな経緯がありましたが、日本出版会の機関紙みたいなものとして、戦争中もずっと続いていました。

しかし敗戦の年の昭和二十年三月十日の東京大空襲で東京は焼け野原、毎日のように空襲警報で、そのたびに防空壕に入っていました。

もう戦争の末期も末期なのですが、四月に編集長の田所太郎さんが召集になり、編集部員の柴田錬三郎さん、長岡光郎さんも召集、とうとう新聞も出せなくなっていたのです。

八月六日に広島に、九日には長崎に原子爆弾が落とされました。次は東京かなと、怖さにふるえていましたが、一方で、これで戦争が終わるかもしれない、という噂も流れていました。

戦争のない日が来るなんて、これまで考えられないような、うれしい、うれしいことです。

防空壕のなかで、戦争が終わったら、私は一体どうしたらいいのかしら、と考えていました。

「私は女学校を出てから、銀行と読書新聞、出版会と勤めてきた（このことについては、あとでくわしく書きます）。でも戦争が終わったあとも、ふつうにお勤めしていては、給料も安いし、母と妹二人を幸せにすることは難しい。自分で仕事をしなければ……自分で仕事をすれば、お金がたくさん入ってくるだろう」

当時は、女の人は、男の人より給料も昇給もずっと安く、仕事も、男の人のお手伝い、というのがふつうでした。

家に帰って母に相談しました。

「大空襲で焼け出された人たちは、家を建てるでしょう。前にお祖父さんがやっていた材木屋をはじめたい」と言うと、母はびっくりして「材木屋というのは、馬にのって山のなかに入り、木を見て、これはいい木だ、悪い木だとわからなければダメです。女の人のやる仕事ではありません」と言います。

それでは、家に幸いミシンがあるから、洋裁店を開いて、家族みんなで洋服を縫って、買っていただく。これも、家の前を通る人だけにしか買ってもらえないのでは、大きな仕事になりません。喫茶店を開いても、喫茶店は方々にあるから、うまくやっていくのは難しい。

では、私になにか得意なものがあるかといえば、ありません。あるとすれば知恵を働かせることぐらいです。そうだ、知恵を売る仕事をしたらどうかしら。

知恵を売るということは、私の場合、本や雑誌を作って、出版することだと思いました。

八月十五日敗戦。

八月二十日には田所編集長が復員、続いて長岡さん、柴田さんも復員してこられました。それに私と村山さん、青葉さん、大野雅夫さん、大橋千枝さん、渡邊さんと昔のメンバーが八月末には勢ぞろいして、「日本読書新聞」復刊ということになりました。

ニコライ堂の下の小さな喫茶店で

花森さんと出会う偶然を作ってくれたのが田所太郎編集長です。

「日本読書新聞」の復刊がすんで、一息ついたある日、私は田所編集長に相談をしました。

「私の父は長いこと肺を患って亡くなり、母はたいへん苦労をしました。父が亡くなったのは私が小学五年、十歳のときです。私たち姉妹三人は、母の苦労で今日まで過ごしてきました。母が自分の着物や帯を売ったり指輪を売ったり、祖父が北海道の家や土地を売ったりして、女学校を出してもらいました。

こんどは、私が母を幸せにしなくてはなりません。祖父にも恩返しをしなければなりません。それには、人に使われていたのでは、収入が少なくてどうにもなりません。自分がなにかしなくてはと、いろいろ考えましたが、私は戦争中の女学生でしたから、あまり勉強もしていなくて、なにも知りません。ですから、私の知らないことや、知りたいことを調べて、それを出版したら、私の歳より、上へ五年、下へ五年、合わせて十年間の人たちが読んでくださると思います。そんな女の人たちのための出版をやりたいと思いますが、どうでしょうか」

「そうね、それだったら、いま編集部に見えている花森安治さんは、そのほうに力のある人だから相談したらいい」と熱心に薦めてくださいました。

そのころ、花森さんは、戦時中働いていた大政翼賛会が昭和二十年六月に解散したあと、読書新聞にときどき見えて、復刊のことやいろんなことを手伝っていらっしゃいました。

田所さんと花森さんは、旧制松江高校からの同期で、松江では、いっしょに「校友会雑誌」を作り、東大に入って「帝大新聞」でもいっしょで、大の親友でした。

田所さんは、花森さんの、たぐい稀な雑誌作りというか、編集技術を十二分にご存じだったのです。

私は、花森さんを前から存じていましたが、朝晩の挨拶くらいで、お顔が少し怖いし、近寄りがたい感じがして、話をしたことはありませんでした。でも、その日、編集室の片隅で、声をおかけしました。

「花森さん、聞いていただきたいことがあります。田所編集長に相談しましたら、花森さんに話してごらん、と言われました」

そして私は、田所さんに話したと同じようなことを話しました。花森さんは、頷きながら、私の話を聞いてくれました。

「君は親孝行なんだね。ぼくも高等学校の受験のときに、母が受かるようにと、なかなか手に入れにくかった牛乳や玉子を買って食べさせてくれ、いっしょうけんめいに尽くしてくれたけれど、発表を待たずに、肺炎で急に亡くなってしまった。ぼくは母親に孝行できなかったから、君のお母さんへの孝行を、手伝ってあげよう」

花森さんと私の大事な大事な話はその日のうちに決まり、それが「暮しの手帖」の創刊になって行きました。私が二十五歳、花森さんが三十四歳、昭和二十年十月なかばのことでした。

数日後のことです。

「大橋君、君に話しておきたいことがあるから、帰りに三十分ぐらい、いいかい」と花森さんに言われて、帰りにごいっしょしました。当時読書新聞のあったお茶の水の文化アパートを出てニコライ堂の下を歩いて、名倉《なぐら》堂の先の小さな喫茶店に入りました。

花森さんは、

「君はどんな本を作りたいか、まだ、ぼくは知らないが、ひとつ約束してほしいことがある。それは、もう二度とこんな恐ろしい戦争をしないような世の中にしていくためのものを作りたいということだ。戦争は恐ろしい。なんでもない人たちを巻きこんで、末は死までに追い込んでしまう。戦争を反対しなくてはいけない。君はそのことがわかるか……」

続けて「君も知ってのとおり、国は軍国主義一色になり、誰もかれもが、なだれをうって戦争に突っ込んでいったのは、ひとりひとりが、自分の暮らしを大切にしなかったからだと思う。もしみんなに、あったかい家庭があったなら、戦争にならなかったと思う……」そんな意味のことを話されました。

「わかります」ときっぱり答えたら、

「よし」と言われて「なるべく早くやりはじめよう」

忘れられないニコライ堂の下の小さな喫茶店でのことでした。今でもニコライ堂の坂を通るとき、もう無くなってしまった、あの小さな喫茶店を思い出します。そして私は戦後の新しい出発に走り出しました。

その後、何度も花森さんと話し合いをしました。

女の人に役立つ雑誌。暮らしが少しでも楽しく、豊かな気分になる雑誌。なるたけ具体的に、衣・食・住について取り上げる雑誌。

方針は決まりました。

しかし、敗戦直後は、街は焼け野原、食べ物などはすべて配給制で、それも、お芋や小麦粉などの代用品が中心。料理の記事も住宅の記事もやりようがありません。

ただ「衣」については、花森さんのなかに構想がありました。

はじめに、タイミングと決断がどんなに大事か、と言いましたね。

あとで聞いたことですが、この年末に、広告宣伝の会社が設立されることになっており、花森さんが、その中心の一人でした。そのための準備会も、毎日のように、何人かが集まって、よく話し合っていたそうです。

花森さんは「あの日、もし君が話しかけてこなかったら、何日か遅かったら、君と一緒に仕事ができなかったかもしれない。今の『暮しの手帖』もなかったかもしれない。タイミングと決断、大事だね」と話してくれました。

ずいぶん経ってからのことですが、ある会に出席したとき、「花森を奪った孝行娘」と冷やかされて、とても懐かしい思いをしたことがあります。

銀座から「スタイルブック」を

十一月に入ったころです。私は、母、妹の晴子《はるこ》、芳子《よしこ》に、「田所さんの紹介で、花森安治さんという方が応援してくださることになったので、私は女の人に役に立つ本を出版しようと思います。みんなで手伝ってください」

こう言いました。母も喜んでくれ、妹二人もうれしそうでした。

ほどなく、私は日本読書新聞を辞めました。

明けて正月、花森さんに自宅（といっても疎開先ですが）に来ていただき、母と妹二人といっしょに、いろいろ相談しました。

そのとき花森さんは、

「これから作る出版物は日本中に売るものだ。その発行所は銀座がいい。君たちは、まず銀座に事務所を持つことを考えなさい」

ということでした。

私のすぐ下の妹、晴子が、丸の内の保険会社に勤めていましたが、お昼休みと帰りの時間に、銀座一丁目から、二丁目、三丁目と、一軒一軒、「お部屋を貸してくださいませんか。お借りできるお部屋はありませんか」とたずねて回ったのでした。

花森安治と出会う

戦争が終わったばかりの銀座ですから、人のいないビルもあります。何日もかかって探していくうちに、とうとう一軒、貸してくださりそうなビルに行き当たりました。

銀座西八丁目にあった日吉ビルです。銀座の南端、新橋の川ぞいのレンガ造りのビルで、それも新橋駅に近い建物です。「土橋のたもとで、川に面したところ」といっても、今おわかりになるのは、おそらく六十歳から上の方かと思います。その川というのは新橋川で、今は埋め立てられて、上に高速道路が走っています。

その日吉ビルの三階に八坪ほどの部屋が空いており、借りられるかもしれないと、妹の晴子が見つけてきたのです。翌日、行ってみました。そこは法律事務所でした。

「あっ、この建物は大井のうちの近くの名川《ながわ》代議士さんのビルだわ」と気がつきました。

名川さんの家は、大井の鹿島町《かしまちょう》で、しかも、当時は隣組的なつながりがあり、お子さんも私たちと同じぐらいで、同じ大井第一小学校を出ています。このことは、私たちにとって、とても幸せなことでした。

家の近くの名川啓太郎さんをお訪ねして、思いがかなって、日吉ビルの部屋を貸していただいたのです。

今でも、このご縁で、港区虎ノ門の名川・岡村法律事務所に、暮しの手帖社はいろいろお世話になっています。

こうして「全国に出版物を売るときは、その発行所は銀座でなくては」という花森さんとの約束も果たされ、私たちも、希望の船に乗って、大海に漕ぎ出すことができました。

昭和二十一年、いよいよ私たちの出版社創業の年です。

花森さんは、美学専攻で衣裳学を学ばれ、

「いろいろ考えると、日本の着物はなかなかいいものだ。戦争でふだん着るものには不自由しているが、まだ、昔からの着物を持っている人も多い。その着物を活用することを紹介したい。それには、ぼくが長年考えていた〈直線裁ちの服〉をまずやっていこう」

と話されました。

銀座にビルが借りられて、発行する本の名前は「スタイルブック」。着物を使っての直線裁ちの服を中心に。そんな計画が、まとまってきました。

しかしまだ、事業の資金など、なんにも考えていませんでした。考えてみたら私も花森さんも、お金は持っていないのに「仕事を始めましょう」「仕事をしよう」と、そればかりで、ずいぶん無謀なことでした。

花森安治と出会う

そんなとき、妹の晴子が勤めていた保険会社の、千葉県流山地区の保険をまとめておられた

秋元さんという方の担当が晴子で、その秋元さんから、

「大橋さんのお姉さんが事業をなさると聞きました。事業にはお金がいります。これをお使いください」

と、二万円を預かってきました。今のお金にしたら四、五百万円くらいでしょうか、そのころちょうど「新円切り替え」などで、毎日のようにお金の価値が変わっていたから、もっと多かったかもしれません。

花森さんは、「これがあれば、思う存分仕事ができる。地獄で仏にあったようだ」と言い、私の母に、「預かっておいてください」と、そのお金を渡しました。

事務所が決まり、資本金もできました。

出版社の名前は「衣裳研究所」。メンバーは花森安治、大橋鎮子《おおはししずこ》、晴子、芳子の三姉妹、少しおくれて経理担当として、花森さんと私の共通の知人だった横山啓一（のちに晴子と結婚）が参加、その五人です。

会社という組織上、言い出しっぺの私が社長になりましたが、実際は家族というか、同志、仲間という感じで、私が社長と呼ばれたことはないし、花森さんが編集長と呼ばれたこともありません。花森さんは「花森さん」、私は「鎮子さん」です。これは、「暮しの手帖」になってからも、ずっとそうでした。

着物を使って、実際に直線裁ちの服を作ったのは母や私たちです。そして私や妹たちがモデルになって、その服を着て、花森さんが写生して絵を描き、文章を書きました。「タンスの中にしまってある着物で美しい服を」「洋裁を勉強しなくても誰にでも作れる」これがキャッチフレーズでした。

そして花森さんが、「もとはこれだよ」、と見せてくださったのは、学生のとき伊豆・戸田の合宿所の海で、湯上がりタオルの真ん中に穴を開け、それをかぶって、腰のあたりを紐でしばって、ボートを漕いでいる写真でした。あとで、「ギリシャ、ローマの貴人が着ていたのも直線裁ちだよ」と、話してくださいました。

そのころ、花森さんや私は、日本放送協会のアナウンサーの和田信賢《わだのぶかた》さんや、奥さんの和田実枝子さんとも仲良くしていただいていました。この方たちに、芝にあった秀美堂《しゅうびどう》印刷というオフセットの印刷会社を紹介していただきました。当時はまだ紙もインクも配給制の時代でしたが、お訪ねしますと、松島さんとおっしゃる社長さんが会ってくださって、まだ二十代の私の話を熱心に聞いてくださり、引き受けてくださったのです。

私は、踊るような思いで銀座の事務所に帰り、花森さんに報告。みんなも安心しました。

小さな新聞広告に大反響が

昭和二十一年五月「スタイルブック　1946夏」創刊。

花森さんは、本を売るには新聞に広告を出すのが一番だと、朝日、読売、毎日、そのほか神戸、徳島、北海道、西日本など地方の新聞にも載せました。新聞記事一段の、幅一・五センチ高さ六・五センチほどの小さな広告です。

たとへ一枚の新しい生地がなくても、もつとあなたは美しくなれる
スタイルブック　定価十二圓送料五〇銭
少ししか作れません　前金豫約で確保下さい
東京銀座西八ノ五日吉ビル　衣裳研究所

酒井寛さんの「花森安治の仕事」（朝日文庫）によりますと、当時の新聞は裏表二ページ。

それが載った日の東京朝日新聞は、一面トップで、「吉田内閣陣容成る」を伝え、裏の社会面には、「食に追はれる人民生活」「小麦粉で五日分を米軍（が）京浜に放出、米差引で

あすから」などの記事が出ている。食うや食わずの時代だった。「焼ミシン修理承ります」とデパートは広告を出していた。

とあります。衣裳研究所の近くの新橋の駅前は、すごい闇市でした。銀座通りには屋台が並んでいました。デパートの地下では七輪を売ったり、ミシンの修理をしたりしていました。そんな時代だったのです。

どんなに　みじめな氣持でゐるときでも／つつましい　おしやれ心を失はないでゐようかなしい明け暮れを過してゐるときこそ／きよらかな　おしやれ心に灯を點けよう（中略）もう少し愉しく、もう少し美しく暮したいと思ふに違ひありません。より良いもの、より美しいものを求めるための切ないほどの工夫、それを私たちは、正しい意味の、おしやれだと言ひたいのです。それこそ、私たちの明日の世界を作る力だと言ひたいのです。（中略）

私たちの本が、少しでもそのお役に立てば、こんなにうれしいことはありません。

これは「スタイルブック」巻頭の文章の一節です。全部で十八ページ、今では考えられないような薄い雑誌ですが、「スタイルブック」は売れに売れました。フランスの「エル」、アメリカの「ヴォーグ」、「ハーパース・バザー」などに似た雑誌は、日本にはまだほとんどありませんでした。

新聞広告が出て、四、五日したら、大変なことになりました。郵便局から赤行嚢《あかこうのう》という大きな布袋に書留郵便がぎっしり入れられて配達されました。私たちの出した、「スタイルブック」の小さな広告を見て、東京はもちろん、地方の方々からの送金が届いたのです。

朝から夕方まで、書留郵便の封を切るだけでも大変でした。もったいない話ですが、みんな指にハサミタコができる始末です。うれしかったのです。うれしかったのです。いまでもあのころのことを思うと懐かしさとうれしさで涙がこぼれます。

その郵便為替を風呂敷に包んで、毎日、歌舞伎座近くの京橋郵便局に持って行き、現金に換えてもらっていましたが、そのうち郵便局から、人手がないから、こんなに沢山の為替を現金に換えるのは困る、と断ってきました。

私たちも困ってしまいました。郵便局が、銀行にでも頼んでください、と言うのですが、どの銀行がいいのか、どうしたらいいのかよく分かりません。これは一つ、以前に勤めていた日本興業銀行（現みずほ銀行）へ行って相談してみよう、と思って出かけました。

すると、預金の窓口に、昭和十二年に同期に入行された北岡文一《ふみいち》さんがおられて、事情を話しました。北岡さんは、

「いま興銀は、一般の人のお金でも喜んで扱いますから、興銀が中央郵便局と連絡をとって現金にしましょう。そして、そのお金はいったん預金してください」

とおっしゃり、そうすることになりました。それが六、七月ごろのことでした。

私たちの仕事が、世の中に受け入れられたのでした。


「スタイルブック」は、その年の九月と十一月に一冊ずつ、翌二十二年に三冊と発行しました。そうこうしているうちに、東京の銀座で、女の子が「スタイルブック」を出して大当たりしたという評判が広まりました。似たような雑誌が三、四十種も出ましたでしょうか。

そのころ、もう花森さんと私たち姉妹三人では人手が足りません。第六高女の同級の中野家《いえ》子《こ》さん（夫は戦死、八十歳すぎても、いっしょに働いていました）、知人の清水洋子さんたちにも来ていただくことにしました。

しかし、昭和二十二年十月に出した五冊目の「働くひとのスタイルブック」は、花森さんも私たちも、もっとも力を入れていたのですが、あまり売れませんでした。

「働くひとこそ　もっと美しくなる権利がある」という言葉は、このときの表紙の一行です。

服飾デザイン講座開く

いったん始めた雑誌をやめたくない。赤字を減らしたい。資金を稼ぎたい。花森さんと私は、東京目黒の柿の木坂で洋館を借りて「花森安治・服飾デザイン講座」を開きました。十日なり二十日なりの集中講義です。和服を使っての直線裁ちから、端布を使ってのキルト風のもの、残り毛糸を使ってのセーター、敷物などの配色のやり方……参加した方のなかには布団カバーでワンピースを作った人もありました。この人たちの何人かは、後に創刊する「暮しの手帖」を手伝ってくれました。

借りた洋館は、私の友人のお宅で、当分、疎開先から帰らないとのことで、ご厚意に甘えたのでした。

そんなとき、花森さんの知人の福島民報社社長の飛島定城《とびしまていじょう》さんや八並璉一《やつなみれんいち》さん（後の東京放送専務）らが、ときどき来ておられ、そんな方々の話から、福島民報社主催の「花森安治・服飾デザイン講座」が福島県、山形県、栃木県で開かれることになりました。開催地は須賀川市、福島市、山形市、宇都宮市などです。

最初は須賀川市。公民館みたいなところで、二百人ほどの女の人が集まっていました。

まず花森さんが、ものを着ることは大切なことで、ほかの動物はなんにも着ていない。それが人間の特徴だというような話。着物の袖をはずし、丈を短くしてベルトを結んで着る、それが着るものの原点だ、など、服飾の美学を交えて、いろいろの角度から話されます。まわりには、「スタイルブック」のときに作った直線裁ちの実物を並べました。

続いて、和服地の反物を、中野家子がその場でサッと縫って直線裁ちの服を作り、私と妹の芳子がモデルになって、皆さんにお見せし、喜んでいただきました。同時に、これまで出版した「スタイルブック」のバックナンバーや「自分で作れるアクセサリ」「服飾手芸のための図案集」「花の図案集」「あなたのイニシャル」などを会場に並べて売りました。

四国へも行きました。愛媛新聞社の主催で松山市の教育会館でやり、大好評でした。

「服飾デザイン講座」で、いま初めて明かすことがあります。宇都宮でのことです。切符の売れ行きもよく、完売との報告もありました。私たちは、嬉々として会場に行きました。しかし、会場には主催の新聞社の人たちだけで、誰も来ません。始まる時刻が過ぎても、誰も来ないのです。びっくりするやら、涙が出るやらでした。

あとでわかったことですが、「洋裁を知らなくても、すてきな服ができる直線裁ち」という題目でしたから、当時の大きな洋裁学校が切符を買い占めたのでした。私の生涯で一番つらかった日でした。

花森さんはどんな思いをされたか、そのときは何もおっしゃらず、私たちも何事もなかったような顔をして東京に帰りました。私は花森さんになんにも言えませんでした。花森さんも、このことは誰にも話されませんでした。

この年、「暮しの手帖」を創刊するのですが、このへんで、私の子ども時代のこと、両親、祖父のことを話しておきたいと思います。

二　子ども時代、そして父と母、祖父のこと

北海道が縁で結ばれた父と母

私は、大正九年三月十日、東京の麴町、今のJR線市ヶ谷駅近くの榊病院で生まれました。父は大橋武雄《たけお》、母は久子。

父の家は、深川の木場で材木商を営んでいました。鉄道の枕木を主に扱っていて、「枕木というのは栗の木が堅くて一番よかったのよ……」と母が言っていたことを覚えています。

父は岐阜県養老郡時村《ようろうぐんときむら》（現大垣市）で生まれました。名字帯刀を許された大きな家だったようです。私は小学三年の夏休みにここを訪ねて、いろいろなことを知りました。

父は三人兄弟のまんなかで、父親が早く結核で亡くなって、母と伯父たちに育てられたようです。十歳のときに、東京深川の材木商・大橋谷吉《たにきち》、きん夫婦の養子になりました。祖父の従兄弟の家です。父は材木商の一人息子として育ったのです。

父の小学校時代のことは、私にはわかりませんが、小学校は深川の小学校、中学は府立一中、今の日比谷高校です。一中のとき、一年先輩に栃内吉彦《とちないよしひこ》さん、栃内海軍大将の息子さんがおられて、札幌の北海道帝国大学の予科に入られました。

そして、

「大橋、北海道はいいところだ」

「札幌はいいところだ」と誘いの手紙が来たのです。

祖父母は一中から一高か、どこか東京の学校に進んで欲しかったのではないでしょうか。せっかく拝むようにしてもらった息子が、遠い北海道に行ってしまう、ということに大反対でしたが、とうとう父は北海道に行くことになりました。

栃内さんはその後、北大教授になられ、昭和二十八年の夏、札幌の三越で「暮しの手帖展」を開いたとき、何度も来てくださいました。また、「物の腐る季節」という原稿をいただき、父の友人の原稿を「暮しの手帖」四号（昭和二十四年　一九四九年）に載せることができて、とてもうれしいことでした。

父は北大を出て東京に帰り、深川に住み、北海道に縁のある日本橋の日本製麻株式会社に入社しました。大正八年四月のことです。

そして、五月に宮原久子と、東京で結婚式を挙げます。

母は京都で生まれましたが、その後小樽に移り、庁立小樽高等女学校を出て、東京、本郷菊坂の女子美術学校に通いました。休みには小樽に帰って、当時、小樽で一番大きい産婦人科の岡本病院に出入りしており、そこで父と知り合い、そのご縁で結婚することになったのでした。

母の宮原久子を語るとき、その父、宮原満吉《まんきち》のことを話さなければならないと思います。私は、このお祖父さんに可愛がられ、女学校に行かせてもらいました。

よく祖父は「私の生まれたのは、明治維新になる前の年、九州小倉藩の小倉城の中だった。砲撃を受けていたときだった」と話していました。後に京都に出て徳富蘇峰さん、徳富蘆花さんらと知り合い、「いっしょに勉学に励んだ」と言っておりました。いっしょに励み、仕事をし、明治の夜明けを過ごしたのでしょう。

いまも京都の名所になっている、琵琶湖疎水のインクラインを作る際も、祖父たちが働きかけた、と話してくれたことがあります。新聞広告の取り次ぎ、今でいう広告代理店をおこしたとも聞きました。

その後、祖父は新潟で油田を掘り当て、その財産を持って北海道に渡り、小樽に居を構えます。

小樽で祖父がどんなことをしていたのか、私にはよくわかりませんが、小樽新聞に関係したり、鉱山の仕事をしたり、農場をやったりしていたそうです。かつて小樽の庁立高等女学校の門のところに桜の大木があったそうで、それは、祖父が母のために若木を寄付したもの、と聞いております。

そのころ、北海道に憧れて内地から来た書生さんを何人預かっているかが、その家の力をあらわす、という時代で、いつも五、六人の若い人が家にいて、勉強をしたり、話し合ったり、掃除をしたりしていました。詩人の三木露風さんもその一人とのことでした。

羊蹄山《ようていざん》のふもとに、大きな農場があって、三十五年ほど前、母が、妹・晴子の娘、横山紅美子を連れて北海道旅行をしたことがありました。そのとき、羊蹄山のふもとに行き、山の形から、このへんかしらというあたりで、農作業をしている人に聞いたら、「昔、このへんは宮原農場といった」との返事だったそうです。母は「とてもうれしかった」と、帰ってから私に話してくれました。倶知安《くっちゃん》の近くです。

広い広い亜麻の原っぱ

大正十年、父は北海道の工場長として、東京から、母と私を連れて赴任し、北海道の草原での幼女時代が始まりました。

当時は、夏に白の麻服を着るのが紳士のたしなみとされ、銀座あたりでは、すこしシワのある白い麻服にカンカン帽が、男の夏の正装でした。そんな時代の製麻の仕事は、北海道にとって大事な産業だったのでしょう。

父は、小樽に近い小沢《こざわ》の工場長になりましたが、ここでのことは、私が小さくてなんにも覚えていません。すぐ下の妹、晴子が生まれたのは、ここです。

父はその後萱野《かやの》の工場長になりました。岩見沢の近くです。私は萱野で小学一年生になりました。この小学校は、工場の人たちの小学校、今でいえば分教場みたいなところで、みんなにずいぶん大事にされていたような記憶があります。


亜麻は、麦のように、どんどん大きくなります。私の背くらいになると、村の女の人たちが総出で刈り取り、それを束にして、野原に立つように、さばいて乾かします。目のとどく限り亜麻の干された原っぱ。小さいころを思い出すと、この風景が必ず目に浮かんできます。


朝、目が覚めると、まっさきに、今日はなにをして遊ぼうかと考えます。

今日はタンポポをとって食べよう……

イタドリを探して、軸を取って食べる……

川へ行ってザリガニをとって食べる……

牧場の柵の中に入って遊ぶ……

四つ葉のクローバーを探す……

家の前には、私と同じか、七、八歳までの男の子、女の子七、八人が「遊ぼう」「遊ぼう」

と集まってきています。その子どもグループと、野原で一日中遊ぶのです。私はグループの大将、ガキ大将でした。いま思うと、そのころの私の無鉄砲さというか怖いもの知らずが、決心したら何としてでも実行するという、私の性格の土台になっているのかもしれません。

そうこうしているうちに、風邪を引いた父の回復がいまひとつはかばかしくなく、たぶん、北海道でも暖かいところを、と会社が考えたのでしょう、父は南の虻田《あぶた》の工場長になり、萱野をあとにしました。

虻田は内浦湾に面していて、北海道でも気候のいい所で、冬は暖かく、そのころ、温室栽培ですが、カーネーションの栽培がされていました。ここで私は初めて海を見ました。生まれて初めて海に入りました。

虻田の思い出は、さくらんぼです。社宅の庭に大きい木がありました。赤く黄色く、輝くように実りました。木で熟したさくらんぼのおいしかったこと、果物屋さんなどないところで、お菓子もないころの私たちにとっては、今の人には想像できないほどおいしくて、宝物のようなさくらんぼでした。末の妹の芳子が生まれたのは、この虻田です。

虻田の記憶は断片的ですが、家中で洞爺湖《とうやこ》へ遊びに行ったことを覚えています。父と母、私、妹二人、それに、ねえやさんと男の人一人。私の一生で、家族全部がそろって出かけたことは、これ一つか、二つぐらいしかありません。

東京へ、そして鎌倉へ

東京へ帰る日がすぐに来ました。父の病気がどんどん悪くなって、肺結核と診断され、どうしても東京に帰って、鎌倉の病院に入院しなければ、となったのです。

大正十五年四月のことです。父は会社を辞めました。病気の父と母、私と妹二人、虻田の海岸から荷物と共に、ハシケに乗りました。製麻会社の人をはじめ、関係者の人が見送ってくれました。そして沖に停泊している本船に移り、私ども一家は北海道に別れを告げました。

函館で一泊。函館から青森まで、津軽海峡を連絡船で渡り、後は、汽車で一日以上かかって東京上野に着き、上野から人力車で牛込の祖母の家に着きました。

東京での生活は半年ほどでした。

私は、牛込第一小学校に入りました。北海道とはまったく違っていました。なにか話すと、北海道弁がまじり、笑われます。服装こそ洋服でしたが、母の手作りですから、なにかいまひとつです。牛込第一小学校の人はみんな洋服でした。勉強もずっとおくれていましたから、学校に行くのがいやでいやで、ぐずぐずする私を、母が引っぱるようにして、毎朝、学校までついて来ていました。

草原で育った私は、牛込の、家がいっぱい連なっている町や、その家々にびっくりし、お隣や近所の家をのぞいたり……そうこうしているうちに、私たちは鎌倉に引越しました。

当時、鎌倉は空気のいいところ、いい病院のあるところと言われ、八幡宮近くの小町の、二階家に住みました。まもなく父は待望の鎌倉病院に入院しました。

父は、病気になってから、とてもわがままな人に変わりました。入院中は病院の食事だけではダメで、なにかしら晩ごはんの足しになる父の好きなものを母が作って、私が学校から帰ると毎日運びました。

病院の父には、祖母が付き添っていましたが、家から通っていました。

「お父さんの病院で、なにかくださっても、絶対に食べてはいけません。ご病気がうつるから」と母は必ず言いました。

病院では一時間ほど父のはたにいて、学校のこと、妹の晴子や芳子のことを話したりしてから、また江ノ電に乗って家に帰りました。これは鎌倉での私の日課でした。このとき小学二年生。晴子は六歳、芳子は四歳です。

通った鎌倉第二小学校は、大塔宮《おおとうのみや》の近くで、明るい、いい学校でした。牛込の学校より、ずっとのんびりしていたように思いました。

毎月曜の朝、朝礼のときに文章を読むのです。

「日きひとたび移れば千載再来の今なく……万古再生の我なし……」。この間まで、もう少し覚えていたのですが、忘れてしまいました。八十年近く前のことです。

「暮しの手帖」をはじめて、鎌倉にお住まいの先生方をお訪ねすることも多くなりました。横須賀線で鎌倉へ行くたびに、住んでいた二階家はずっと見えていましたが、平成十年には、とうとう車窓から見えなくなってしまいました。鎌倉の思い出が消え去ったような、さみしい思いがしました。

悲しく懐かしい食事どきの思い出

鎌倉での父の病気は、一向によくなりません。母は、父の病気を治そうといっしょうけんめいでした。

父の従兄弟に黒田正夫、黒田初子さんのご夫妻がいました。正夫さんは東大を出て理化学研究所で金属などの研究をされており、のちに「黒田研究室」を作った方。初子さんは女性登山家として知られ、一方、料理研究家でもありました。このお二人の、東京へ帰ってきなさい、という勧めもあって、私たちは東京に帰ることになりました。

「海岸まで七、八丁（一キロほど）でオゾンの吸えるところ」。そして、いい病院といい小学校があるところ」と母が希望して、探してもらいました。当時、大井、大森あたりは東京湾に面していて、肺病にいい病院がいくつかありました。そして大井第一小学校は、明治八年創立の、東京でも伝統のある小学校でした。

家は、東京府下大井鹿島町三〇七七番地。海の見える東海道線、今は京浜東北線と呼ばれるJR線に近い高台で、線路から下のほうは低くなって海岸に続いていました。

私と妹の晴子は、五月に大井第一小学校三年と一年に編入され、通うことになりました。クラスの人はとても親切でした。「オオハシさん」「オオハシさん」と、わからないところを教えてくださったり、お昼の休み時間にもすぐ遊んでくださって、私の楽しい小学校時代が始まりました。

勉強もすぐ追いつきました。そのころ、母はひまさえあれば「勉強しなさい」と言い続けていました。妹と二人で「ほんとうにうるさい」と悪口も言いました。でも、いま思いますと、病気の父を抱え、私たち三人に手作りの洋服を着せて、勉強を見てくれた母、想像もつかないほどいっしょうけんめいに暮らした人でした。

食事は、肺結核の父と一緒にするのですから、「お父さんのお箸をつけたものは、食べてはいけません」と、必ず母は小さな声で厳しく言います。妹たちには何のことかわかりません。お父さんだけには体力をつけるために、お肉や魚などの一品がつくのですが、それを妹たちが欲しがるのです。別々に食事をしたらいいのに、と思われるでしょうが、父にとって、起きて家族そろっての食事はうれしいことだったと思います。いつも一緒でした。父は、自分が食べる前に、箸で割ったり、ナイフで切って、私たちに少しずつくださるのです。おいしいときは妹たちが「もっと欲しい」とせがみます。

母には、子どもたちに肺結核が伝染するかもしれない、という大きな心配があり、父には、子どもたちに食べさせたいという思いがあり……「上手に箸をつけているから、ここを子どもにやりなさい」「せっかく、お父さんの体の滋養になるものだから、召し上がってください」いつもこの押し問答。これが私の忘れられない悲しい食事どきの風景でした。

そのころの肺結核が、どんなに人々には怖がられていたことか、今の人たちに想像もつかないことでした。

「暮しの手帖」の料理記事を大事な仕事と思うのも、父との悲しく懐かしい食事どきの思い出、あのころの食事の大切さを忘れられないからです。

丸いテーブルを囲んだ一家。その時間は父が病室から出てきて、私たちと過ごす大事な時間でした。

ふたたび入院するまでのあいだ、父は、二階の八畳を病室にしておりました。東の窓から、東海道の線路と、その向こうに東京湾が広がって見えて、朝夕の眺めはきれいでした。

私は学校から帰ると、すぐ二階に上がって、父の様子を見て、このまま傍にいたほうがいいか、下へ行ってしまおうかと、小さいなりに判断します。枕元に座って、学校であったことを話したり、咳が出ると背中をさすってあげたり、タンが出そうなときは紙を取ってあげたりしました。

なにかお父さんにしてあげたい、喜んでもらいたいといっしょうけんめいに考えました。そして思いついたのは、枕元に置く紙くず入れです。

そのころ、父の叔父が東京の上野、松坂屋デパート近くの末広町でベニヤ板の店を開いていました。「松浦のおじさん」「松浦のおばさん」と、親しくしておりました。その二人がお見舞いにいらしたとき、下谷《しもや》西黒門町《にしくろもんちょう》のうさぎやのどら焼きをお土産にいただきました。その箱は、高さ十センチ、幅三十センチ、長さ四十センチぐらいの大きな、しっかりした箱でした。

私は、ジャガイモを切って、バラの花の模様のイモ判を作り、箱に押して、父にあげました。その紙くず入れの箱は、父が亡くなるまで、枕元にありました。

鎌倉から東京に引越す際、少し落ち着くまで、父に、郷里の岐阜県養老郡の時村で静養してもらうことになりました。

大井第一小学校に入ったのは五月ですから、すぐに夏休みになりました。母と私と晴子と芳子の四人で、時村で静養している父を見舞いに行きました。そのとき、父の提案で、みんなで養老の滝を見に行くことになりました。

これが私たち家族五人の、最後の楽しい出来事になりました。

養老の滝を見てから、父と別れて、母と妹二人と私の四人は関ヶ原駅から京都に向かいました。京都では母の従弟の池田一蔵《いちぞう》さんの家を訪ねて、ここに泊まりました。

今でもよく覚えていますが、入口の戸を開けると、細長い土間が庭のほうまで続き、右側は六畳ほどの部屋が三つ続き、左側は水屋、台所やお風呂場になっています。そこは黒光りする柱で支えられ、二階に上がる階段がありました。今でも京都の町家の写真を見ると、懐かしいなと思います。

久しぶりの都会でしたから、いろんなものが目新しく、ゆっくりと見て回りました。そのころは夏の終わりに近かったからでしょう、赤や緑や黄色の野菜や果物が、八百屋さんや果物屋さんの店先に並び、きれいでした。母は清水寺や、賑やかな四条河原町にも連れて行ってくれました。

一つ、しっかり覚えていることは、比叡山に登り、そこから大津に出て、三井寺《みいでら》にお参りしてから琵琶湖の岸に出たときのことです。京大のボート倉のあたりに来たとき、母は涙を浮かべて、「私の小さいときに、ここに家があって、ここで育ったのよ」と言っていました。

琵琶湖はさざ波を立てて、美しく光っていました。

京都に一週間ほどとどまり、東京に戻りました。

父との約束

昭和五年十月一日のことでした。

朝、学校で二時間目のときでした。母が私を呼びに教室に現れました。

「お父さんの病気が悪いからすぐ病院に」ということで、母と晴子と芳子と私の四人は、新宿の病院にかけつけました。

病院は、当時、肺結核の病院として有名な鴻上《こうがみ》病院で、今のJR線の新大久保駅近くでした。

そのころはまだタクシーもそんなにありません。四人はころがるように、駅から病院まで走りました。

病院に着いたのが十一時四十分ごろでした。そのときの病室の風景は、今もはっきり覚えています。窓から柿の木が見えて、赤い実がなっていました。

お父さんのベッドを、祖母、母、私、晴子、芳子で囲んでいました。父は、「鎮子……」と、私の名を呼びました。私は父の枕元に近づきました。父は小さく静かな声で、

「お父さんは、みんなが大きくなるまで、生きていたかった、でもそれがダメになってしまった。鎮子は一番大きいのだから、お母さんを助けて、晴子と芳子の面倒をみてあげなさい」

私は、引き受けました、ということを父にわかってもらいたくて、大きな声で、

「ハイ、ワカリマシタ」

と答えました。そして、みんな息をのむようなおもいで、父を見守っていました。

すると、母が、「あっ、お父さんが」と大きな声で叫びました。父は、口から白い泡を出して、苦しそうにして、息がとまったのでした。

お医者さまが急いでこられました。

「ご臨終です」

私は、そのとき泣きませんでした。そして、父に言われたとおり、母や妹を幸せにしなくては、と思ったのです。いま仕事を続けていて、どうしていいかわからないとき、つらいとき、この病室の風景が目に浮かんで、しっかりしなくてはと思うのです。

父が亡くなっても、当時は肺結核は恐ろしい伝染病ということですから、遺体を家に連れて帰ることはできません。そのまま病院に預けて帰りました。その晩、祖母が一人で、父をお骨にするのに焼き場について行ってくれました。

翌日、父は病院で亡くなったのに、大井の家へ、東京府から衛生班の人が来て、白い粉の消毒薬を家中から外にも撒いたものですから、ご近所の人は怖がって近づいてもくださらない有様でした。

十月五日に父の葬式を大井の家でいたしました。喪主は母でなく、小学五年生の私がすることになりました。母はあえて一歩退き、長女である私を前面に立てたのでした。たいへんでしたが、やりとげました。挨拶もしました。私が度胸のある人間になれたのは、小学生の頃から私を認め、立ててくれた母のおかげだと思います。

悲しかったのは、お葬式の翌日、近所のゴミ箱に、お葬式に見えた方に差し上げたお弁当が手つかずに、みんな捨てられていたことでした。当時は、葬儀に来てくださった方に弁当の折を差し上げるのが習慣だったのです。父はほとんど入院していて家にいなかったのですから、弁当と結核菌はまったく関係なかったのです。

あのときの悲しかったことは、八十年以上たった今も、思い出すと、のどのあたりが痛くなります。それほどに、当時は、肺病は恐れられていたのでした。薬はなんにもなく、それは死につながっていました。

そのことを考えると、人一倍、まわりの人のことを気にしていた母が、肺病の夫と小さい子ども三人をかかえ、どんなにか、つらい日々だったのか、胸が締めつけられます。

父のお骨を多磨墓地におさめて、私たちは父のいない家族になりました。一家の生活も変わりました。母は私たち三人をちゃんと育てなくてはと、深く考えたようです。

私は小学五年生でしたから、明けても暮れても勉強、勉強でした。

母は音楽が好きで、家にオルガンがあり、夜ご飯のあと、毎日のように母のオルガンに合わせて歌をうたいました。「庭の千草」「ローレライ」「蛍の光」など。天国で父が聞いていると思って、上を向いて、大きい声を出して歌いました。まだ幼かった末の妹の芳子もこのことはよく覚えていて、今でも「楽しかったわね。お母さんは偉かったわねえ」と話します。

三 第六高女時代

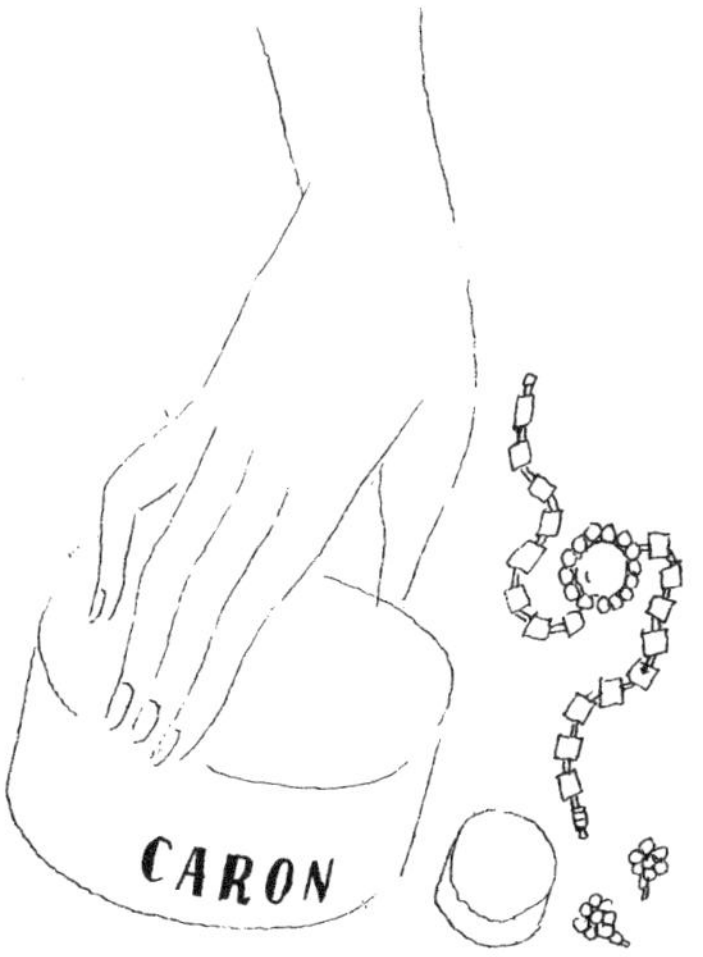

心のふるさと、育ての親

いよいよ昭和七年二月ごろから、女学校の入学試験が始まりました。三校へ入学願書を出しました。

一番初めは、日本女子大の附属です。筆記試験、面接試験ともに受かりましたが、最後は抽選です。ダメでした。

次はお茶の水の文化学院です。そこは、母が小樽の女学校で勉強を見てもらった先生がいらして、祖父とも知り合いでした。

入学試験は面接試験だけでした。そこには母と知り合いの先生と与謝野晶子先生のお二人がおられて、いろいろ質問を受け、お答えして、文化学院に入学できました。

しかし、文化学院より府立第六（現東京都立三田高校）がいいと母が言います。担任の先生も第六がいいとおっしゃいます。

第六高女の試験は三月七日でした。祖父が、心配でたまらない様子でついて来てくれました。「大きな息をしなさい」「大きな息をしなさい」と、背中をなでてくれました。祖父も心配でならなかったのでしょう。

発表の日、「三十八番　大橋鎮子」がありました。うれしかった。うれしくて飛ぶように家に帰りました。祖父も母も妹も、みんな喜んでくれました。父の病気以来、私の一家にとって初めての明るい出来事だったと思います。

そのとき、第六高女を受けた大井第一小学校の生徒十六人は全員はいることができました。

四月五日、待望の女学生になりました。

東京府立第六高等女学校。

私にとって、ここは「心のふるさと」「育ての親」でした。あたたかく、先生も生徒もみんなやさしく、仲がよかったのです。

「第六は、勉強はそっちのけで、体操ばかりしている……」と世間で言われていましたが、それが今の私にとって健康のもとになり、大変な宝となりました。九十歳ちかくになりましたが、今も会社に出ています。

第六では、一週間に四、五時間は体操の時間がありました。それも、歩くことが健康の要ということで、とにかく歩け、歩け、でした。体操の時間には歩き方の訓練があり、背筋を伸ばして、膝を伸ばして、とくりかえし言われるので、みんな、すっ、すっと歩くのが身に付きます。月に一度は遠足があって、三里（十二キロ）ほど歩かされました。

それに年に二度、「適応遠足」といって、全校生徒がいっしょに行動します。これは自分の力に合った距離を選んで歩くのです。年によって、行き先が変わったようですが、私たちのときは、多摩川の土手を歩きました。川崎駅が出発点で、終点は日野。川崎から十里（四十キロ）になります。多摩川の土手を川上に向かってずっといきますと、私鉄がいくつか交わります。途中、二里（八キロ）、六里（二十四キロ）で歩くのをやめて、それぞれ、もよりの目蒲線の多摩川園前駅、小田急線登戸駅から電車に乗って帰ってもいいのです。校長の丸山丈作《まるやまじょうさく》先生が思いつかれた方法でした。

丸山丈作校長については、「暮しの手帖」七十七号（昭和三十九年　一九六四年）に特集を載せていますが、とにかく生徒が大事、生徒の健康が大事と考えられた先生でした。

私が入学する前のことですが、こんなことがあったそうです。大正十五年十二月、冬休みを使って、希望する生徒を連れて、妙高へスキーに行ったのです。

大正十五年というと、年配の方は思い出すでしょうが、大正天皇が二十五日に崩御されたのです。まさにスキーに出かけたその日です。丸山先生は考えられました。

「大正天皇の崩御と、生徒のスキーと、どちらが大切か」……その結果、生徒のスキーが大切と判断され、妙高に出発したのです。そして、全員スキー服の姿になって雪の上に並び、東京の方角に向かって最敬礼をして、スキーを習いました。これは、その時代として考えられないことだったと思います。東京に帰ってから、不謹慎ということで、叱られないかと心配した人もありましたが、なにもなかったようです。

丸山先生は、プールも作られました。それも温水プールです。日本はまわりが海で囲まれ、川も多い。なにかのことで海や川に落ちることもある。そのとき泳げなくては命を失う。学生のうちに泳ぎも教えておかなくては、と考えられました。そのプールは露天では夏しか使えない、夏は夏休みで生徒が学校に来ない、全員に泳ぎを学ばせるには、温水プールでなくては、ということになりました。

もちろん東京府も文部省も、第六だけにそんなお金は出せないということでしたし、これは、そのころとても考えられないほどの大変な計画でした。

丸山先生は、生徒の父兄を訪ねて回り、一人一人にプールの必要性を訴え、お金を出してくださるよう願って歩かれました。ずいぶん長いことお金集めをなさって、ついに昭和七年の夏、温水プールができ上がりました。

今で言う一流企業の社長さんのお子さんが何人か第六の生徒で、その方たちの大変な協力があったと、あとで聞きました。

また、体育簿をつけました。五年間、体の様子を毎日書き込むのです。「風邪気味で頭が痛かった」「ときどきお腹が痛い」「吐き気がする」などと書き込みます。ひと目でその人の体の様子がわかる、そういうものでした。

月に一度「お顔拝見」ということがあって、校医さんが表を持って、音もなく教室に入ってこられ、生徒一人一人の顔を見ます。そして、「この子は本当に体が悪そうだ」と思われると、後日、呼び出して医務室で診察されます。もし、本当におかしいようだったら、病院で再検査して、早いうちに病気を発見、治療となります。第六の先生方は健康がなによりも大切と考えられ、育ちざかりのころの体を、学校でしっかり管理してくださったのでした。

第六は定期試験がありませんでした。試験という形をとっていたのは、英語だけでした。しかし、勉強はしないわけにはいきませんでした。「不意試験」が多かったのです。

たとえば、あと十五分ぐらいで授業が終わるというときに、先生がポケットから紙を出して、クラス全員に配ります。そして、その日に教えられたことについての問題が黒板に書かれ、その答えを書かねばなりません。

国語だと、突然「書き取り」をさせられます。ですから時間中がとても大切なのです。前の日に予習しておくことも、とても大切になってきます。

ことに厳しかったのは、遅刻です。遅刻を一年に六回すると退校処分になり、他の学校に移されます。

第六には、通信簿や席次がありませんでした。その代わり学期末に、受け持ちの先生に順々に呼ばれます。

「大橋君、風邪を引きすぎるから早く寝なさい。勉強はまあまあだけれど、もう少しがんばりなさい。お母さんは元気ですか」

私の場合は、こんなことでした。

成績を見たい親には、封筒に宛名を書いて学校に提出すると、簡単に甲、乙、丙と書いて、郵送されます。私の母も成績が欲しい人でしたから、その返事が来るまでは、ずいぶん心配したものです。

オーシー歯みがきを作る

女学校時代、私が始めた「歯みがき製造」のことを書きます。

母は歯の悪い人でした。牛込区戸山ヶ原（現新宿区戸山）の陸軍第一病院の歯科に通っていました。今の国立国際医療研究センターです。先生は軍医さんで、満州に派遣されることになりました。そのとき母に、

「この歯みがきを使うと、あなたの歯槽膿漏もなんとか防げると思います。私がいなくなるので処方を書いておきました。ご自分でこの歯みがきを作りなさい」

と、処方を書いた紙と、直径二十センチくらいの白い瀬戸物の乳鉢と、やはり瀬戸物の乳棒をくださったのです。

母と私たち三人は、処方箋どおりに、薬用石けん（粉）、グリセリン（液体）、ミント（香料）など、細かいことは覚えていませんが、材料をぜんぶ用意して、自分で歯みがきを作りました。ちょっと甘みがあって、口の中がさっぱりする練り歯みがきが誕生したのでした。そして母の歯槽膿漏は治ってきました。

第六のクラスで、その話をしましたら、何人かの同級生から、「お母さんが歯槽膿漏だから使いたい」と言われて差し上げました。

それから、当時、朝日新聞の論説主幹をされていた土岐善麿《ときぜんまろ》さんのお嬢さんも同級生で「お父さんが歯槽膿漏だから使ってみたい」とのことで差し上げました。土岐さんのお父さんも、よくなってきたと喜んでくださいました。

そんなことから、同級生のお母さんのひとりから、「この練り歯みがきを作って売られたらどうでしょうか。歯槽膿漏の人が助かります」と言われました。そういうことは考えもしなかったことですが、「やってみましょう」と母と私は返事をしました。十四歳でした。

当時、私の家は父の死で、けっして裕福ではありませんでしたが、深川の材木屋時代から出入りのじいやさんが来ていました。その人に助けてもらって、まず道具と材料を調えることにしました。その資金は、深川の材木置場の権利を売ったり、小樽の祖父が家作を売ったりして作りました。いくらくらいかわかりませんが、今のお金にしたら一千万円ぐらいではなかったでしょうか。

道具は、ひとかかえもある大きな瀬戸物の乳鉢。これで歯みがきの材料の薬用石けん、ミント、グリセリンなどを、ちょうど味噌を摺るように練り合わせます。それをローラーにかけます。ローラーは、直径六十センチ、長さ七十センチほどの円柱で、この石の円柱が二つ並んでいて、ハンドルを回すと、それぞれ違った方向に回り、鉢で練った材料を摺り合わせるのです。大きな石臼を横にしたようなもので、二畳くらいが、歯みがき製造の場所になりました。

きめの細かい練り歯みがきができました。歯に擦りつけてみました。ミント、これは薄荷《はっか》ですから、口の中がスーとして、グリセリンの甘みで、すてきな味の歯みがきでした。これをチューブに詰めれば「チューブ入り歯みがき」の誕生です。

これを売り出したら、お金の心配のいらない世界に漕ぎ出せる……大きな船に乗り込んで大海を渡り始めているようでした。私たち一家に幸せが訪れたような思いでした。

しかし大失敗でした。翌朝です。母の悲鳴で、みんなが飛び起きると、詰めたチューブが破裂して、歯みがきが飛び散っているのです。一巻の終わりです。

そこで考えました。クリームが入っている陶器の容器、あれなら大丈夫だろうと、じいやさんと相談、容器を作っている浅草の瀬戸物屋さんに連れて行ってもらいました。

お店のおじさんも、十四歳の女学生がいっしょうけんめいに話すのですから、つられて、熱心に聞いてくれました。

「口が広くて、歯ブラシに練り歯みがきがつけやすい形にしたい」と頼みますと、店のおじさんは歯ブラシを持ってきて考えてくれました。

容器の底にマークも入れたいと、母と相談して、大橋のOと鎮子のCをとって、「オーシー歯みがき」と名を決め、容器の底にOとCを組み合わせたマークを入れました。

今になって考えますと、この歯みがきは、アメリカのコルゲートと、とても似たものでした。

せっかく歯みがきはできたのですが、どんなふうにして売るか、あまり考えていませんでした。母も売ることより、歯槽膿漏の人に差し上げたかったのだと思います。

また、「この歯みがきを作って売ったらいかがですか。お金は出しますから」と励ましてくださった同級生の一家に困ったことが起こり、お金を出していただけなくなりました。そんなことで、歯みがき製造の計画はダメになりました。

でも、その歯みがきを買って使ってくださった人たち、とくに朝日新聞の土岐善麿さんからは、作り続けなさいと励まされ、無くなると注文をくださいました。論説委員室へ行くのですが、当時、土岐さんが論説主幹で、緒方竹虎《たけとら》さん、鈴木文史朗さん、そのほか七、八人の方がいらして、皆さん買ってくださいました。そのあと二、三回ほど行きました。容器や材料は山ほど用意し、どれも腐るものではありません。それで、ときどき作りました。いま考えるとオママゴトみたいな歯みがき屋さんでした。

美容院で売ってもらおうと、何軒か訪ねましたが、まったく売れませんでした。

卒業　そして祖父の死

昭和十二年三月、私たちは第六高等女学校を卒業しました。

同級生がどんな道を進まれたか、思い出してみると、女子高等師範学校（今のお茶の水女子大）、杉野芳子さんのドレスメーカー、麴町の家政学院に行くか、第六高女の同窓会が主催し、洋裁などを教えるワカバ会に行くかでした。

私はお勤めして家を助けようと思っていました。しかし、そのころはまだ学校が就職を斡旋するということはありませんでした。もちろん職に就いて立派な仕事をされた方もありましたが、だいたいは、お嫁に行くのが当たり前の時代です。

働きたい、月給取りになりたい、私のその決心が固いと知ったとき、母は、父の従兄弟の黒田正夫さんに相談したのでした。黒田さんは、前にも書きましたように、理化学研究所に勤務している方、鎌倉から東京へ戻るよう勧められた方です。

黒田さんの友人が日本興業銀行の秘書役で、就職先を紹介してくださいました。面接の日には、十人ほどの女の人と一緒に待たされました。面接試験は一人ずつ行われ、四、五人の男の人にいろいろ質問を受けて、終わりました。

私は興銀に入ることができました。そして調査課に配属になり、調査月報の編集を手伝うことになりました。このことが、のちの「暮しの手帖」の創刊に糸のようにつながっていきました。もし調査課で調査月報の手伝いをしていなかったら、「暮しの手帖」は生まれてこなかったかもしれません。


そのころ、私は歯みがき作りでお世話になった戸山ヶ原の陸軍第一病院の皮膚科にかかっていました。その日、病院から出てきたら、朝はなんともなかったのに、病院の入口にバリケードが張られて、剣付鉄砲を持った兵隊がたくさんいます。そのへん一帯の様子が戦場みたいになっていて、びっくりして、怖くなって、道の端を逃げるように通りに出て、やっとの思いで市電に乗って、三田の第六高女にたどりつきました。

この日、「二・二六事件」が起こったのでした。大蔵大臣の高橋是清《これきよ》、内大臣の斎藤実《まこと》らが殺害され、政府の多くの要職にある人が傷つけられたのでした。これを機に軍があからさまに政治を動かし、盧溝橋事件、日中戦争、そして昭和十六年十二月八日の真珠湾攻撃と、第二次世界大戦へつながっていったのです。

第六高女の卒業式は二・二六事件から一年後のことです。戦争の影が色濃くさしてきたころの卒業式、特別のことはありませんでした。

ずっと月謝を送ってくれた小樽の祖父も上京して、卒業式に出席してくれました。卒業式の最中に後ろのほうで男の人の泣き声がするのです。祖父でした。そのとき私は困るよりも、早く世の中に出て働いて、この祖父に恩返しを……と、胸の張り裂けるような思いがしました。

第六高女に入って、日本興業銀行に入って、よかった、よかったと思っていたその四月二十九日に、まるで私の卒業式に出てから死のうと思っていたように、祖父は突然、脳溢血で亡くなりました。私たちのために生きて、父の代わりに私たちを育て、見守ってくれた人でした。

日本興業銀行調査課へ

昭和十二年四月一日。日本興業銀行に入行しました。同期の人は、男性十五、六人、女の人は十人ほど。頭取の挨拶があり、調査課に配属されました。そのときの調査課長が工藤昭四郎《しょうしろう》さん、戦後に東京都民銀行を創立された方です。

調査課の仕事は、日本や世界の産業や経済の動きを知るためのいろんな調査や、そのための資料や図書の購入と整理。そして調査月報の編集でした。

私の仕事は走り使いのようなことが主でしたが、長く続けていた仕事の一つに新聞の切り抜きがあります。

朝八時ごろから、工藤さんは東京朝日新聞（現朝日新聞）、東京日日新聞（現毎日新聞）、読売新聞、中外商業新報（現日本経済新聞）、日刊工業新聞などを読み、そのなかの主なというか、興銀に勤めている人なら読んでおかなければならない記事に印をつけます。私は印のついた記事を切り抜き、紙に貼り、日付、新聞紙名を記入、それを毎日六人分（重役数）作りました。これは十時までに仕上げなければならない急ぐ仕事です。

こんなこともありました。調査月報の締切りまぢかに、上司が病気で休みました。満州、中国の経済要録を、その日のうちに出さなければならなかったのです。

「大橋君、今日中にまとめなさい、そうでないと困る」との指示です。やらなければなりません。誰かに相談したくても、みんな忙しそうです。

それで考えついたことは、新聞に出ている回数が多い記事が一番のニュースだから、多い順にすればいいと思って、満州と中国に関連する記事を全部切り抜きました。そして多い順に記事を貼り、まとめました。

順序もちゃんとしており、わかりやすかったと好評で、このあと、私はみんなに少し認められたようでした。

この新聞の切り抜きを作ったことは、すばらしい経験になりました。「暮しの手帖」を花森さんと始めてからも、誌面の割り付けやトリミングなど、どんなに役立っているかわかりません。定規や物差しを使わなくても、写植の文字などを曲がらずにまっすぐ貼れるのは、こんな経験のおかげだと思います。

「どんなことが、なぜ大事なのかしら」と、新聞記事を比べて読んだりしたのもよかったと思います。以来私はずっと活字に関係した仕事をしています。

調査課には本の購入と、その本を整理しておく図書室の管理の仕事もありました。出入りの本屋さんが、興銀の人たちの仕事に関係ありそうな政治や経済の本の見本を持って来ます。調査課の人たちが目を通し、購入を決めます。本が届くと、分類してカードを作り、図書室の棚に入れます。

もうひとつ、調査課に入って幸せだったことは、昼食のあと部屋に戻ると、課長の工藤さんが、よく、私たち女の人を集めて、その日の新聞に出ていたことで、女の人でも知っておかなければならないことを、三十分ほど、丁寧に話してくださったことでした。世の中は戦争へ戦争へと大きく動いていたときでした。

そのころ調査課の女の先輩が、「私たちは女学校を出ただけだから、学問が足りない、もっと勉強をしなくては」と言って、ときどき図書室に集まって、お話会をしていました。二、三回出ましたが、そちらにはいまひとつなじめなくて、やめました。

しかし、「もっと勉強しなければ」ということは、私をとりこにしました。

半年間の女子大生

思い切って、クジ引きで落ちた日本女子大の試験を受け、三年いた興銀を辞め、女子大の一年に入学しました。興銀では、引き止めてくださる方もありましたが、勉強したいという私に快く拍手を送ってくださいました。退職金は、月給三回分で百円いただきました。女子大は、家政科の二類でした。

こうして私は、女子大生として通学し始めました。

家政科二類は、どちらかというと、女子大に通って楽しく勉強しようというところでした。私もその空気に包まれて、学校が終わると、寮舎に入っている人たちの部屋に行ったり、教室では女学校で習わなかったことを勉強。時は五月、六月と楽しさ一杯で過ぎてゆきました。

しかし、一年前に引いた風邪が体のなかに住みついてしまったようで、風邪っ気が抜けません。ある日、咳をしたら、痰に毛すじのような血がまじっていました。母は、大変だと大騒ぎ、私が肺結核になったと思ったのです。幸い学校も夏休みに入り、私は、父のかかっていた近所の病院から薬をいただき、それを持って、空気のいいところ、父が療養していた岐阜県養老郡時村の祖母の家に行って、夏休みを過ごしました。

九月に入って学校に行きましたが、また咳が出て熱が下がりません。田舎にいたときは熱があっても、遊んだり、うどん作りを手伝ったりして、すっかり元気になったはずでしたが、やっぱり熱が出ます。

「お父さんのように肺病になったら、どうするの……」と母は泣きます。

とうとう寒くなってきた十一月、女子大に行くのをやめました。残念なことでした。そしてその冬は体を大事にして過ごしました。母は、父を大事にしたように、私を大事にしてくれました。そのとき「母を幸せにしなければ」と、強く思いました。

四　戦時中の仕事、そして暮らし

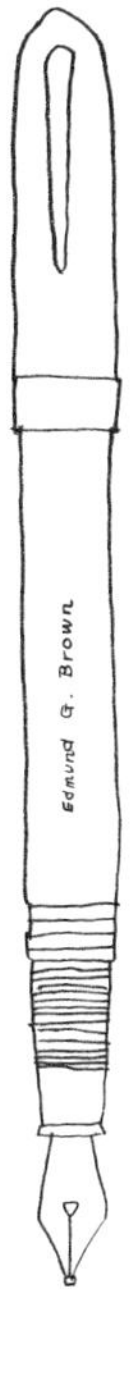

日本読書新聞へ

日本女子大を辞めた昭和十六年の春、日本読書新聞で女の人を募集していることを新聞で知り、日本読書新聞社に行きました。興銀の調査課勤務のことなどを話しているうちに、その場で「明日から来てください」ということになりました。

場所は水道橋駅の神田側で、小さなオフィスともいえないような、ふつうの和風の建物でした。戦前ですから、神田のあたりは日本家屋ばかりで、ビルといえるようなものはほとんどなかった時代でした。

しばらくすると私は、日本読書新聞から銀座の日本出版文化協会の秘書室勤務に移りました。秘書課長は古賀英正さん。のちの小説家・南條範夫さんです。

そのころ、日本は、戦争がだんだん拡大してきて、紙が不足してきて出版物も出しにくくなってきました。朝日、毎日、読売などの新聞社や大出版社や政府の人たちが協議したとのことで、日本出版文化協会が、銀座西六丁目の交詢社ビル前の建物に設立されました。今は大日本印刷のギャラリーになっているところです。

会長は、伯爵の鷹司信輔《たかつかさのぶすけ》さん、朝日新聞の飯島幡司《いいじまんじ》さん、関西財界の田中四郎さん。鷹司さんはほとんど見えず、飯島、田中さんのお二人を中心に仕事をまとめていました。

私が秘書室に移ったのは、飯島さんが私の字を気に入って「ぜひ」と言ってくださったからでした。文書の清書を頼まれてよくいたしました。

飯島さんは戦後まもなく朝日放送の創立にかかわられた方です。やさしいけれど、厳しい方でした。阪急沿線の夙川《しゅくがわ》に自宅があり、東京では帝国ホテルに住んでおられて、奥様が行ったりきたりされていました。

奥様が見えると、帝国ホテルにときどき呼んでくださって、食事を一緒にさせていただきました。このことがご縁で、戦後暮しの手帖社を始めて、そのことの報告に夙川のお宅に伺いました。そのあとも関西出張のとき、社の人と泊まったこともあります。

ある年の初夏、暮しの手帖社の社員旅行に箱根に行きました。展望台に登っていたら、そこに飯島夫妻がいらして、再会を喜び合いました。そこで、花森さんや会社の人たちを紹介して、楽しいひとときを持つことができました。先生とはそれが最後になりました。

日本出版文化協会の主な役割は、内閣情報局のもと、出版物の統制、検閲の強化です。戦時中の出版界は、出版社が本を発行するときは、著者の原稿を、まず出版文化協会に提出します。すると文科系、理科系などの各分科会が、原稿を読み、「これはいい内容だから、出版社が言うとおりの部数五千部を許可します」「これは本筋から外れているので部数を減らす」というようなことで、紙の割当てが決まり、紙の割当表が作られます。

出版社は、原稿と割当表を印刷所に渡します。印刷所は、製紙会社から割当ての用紙をもらって印刷、製本して、出版社が発行しました。当局の意に沿わない本は出せません。

日本読書新聞は、この出版文化協会の機関紙になり、編集室はその後主婦の友社が所有していたお茶の水の薩摩屋敷に移りました。ここは薩摩治郎八《さつまじろはち》邸、若いころフランスで勉学され、フランスの小さな宮殿を手本にして作られた夢のような建物でした。庭には、天女二人が水がめを支えていたり……その一室が日本読書新聞の編集室になっていたのです。

そのご縁で、「暮しの手帖」二十八号から六回にわたって「ぶどう酒物語」「香水物語」、薩摩さんの原稿を載せさせていただきました。

文化アパートメントの思い出

読書新聞に入り、出版文化協会に移ったその年の十二月八日、真珠湾攻撃が起こり、太平洋戦争に広がっていきました。そのころのことで、一つ覚えていることは、東京で「スミス都に行く」という映画がかかっていて、アメリカ映画はこれが最後で、見られなくなりました。

宣戦布告の放送を聞きながら、緊張して銀座の出版文化協会に出勤しました。

出版の世界にも事件が起こりました。後で聞いたことですが、それまでの出版文化協会の人たちは、どちらかというと平和、自由主義、戦争のきらいな人が多い、私もそう思っていました。

ですから、戦意を高揚するような内容の本を企画する出版社はほとんどなかったのです。ただ、アンドレ・モーロアの「フランス敗れたり」が大観堂書店から出版され、ベストセラーになりましたが、戦争に関係した本はほとんど出ませんでした。

しかし「出版会事件」が起こり、今まで中心だった鷹司、飯島、田中さんらが辞められ、新しく久富達夫さん、八並璉一さんらが中心になり、すっかり陣容が変わりました。そして、日本出版文化協会は、日本出版会と名前を変えて、銀座から神田神保町の冨山房《ふざんぼう》の建物に移りました。そして私は日本読書新聞に帰りました。そのころの日本読書新聞はお茶の水のニコライ堂近くの日本出版配給会社の二階にありました。

その後、昭和十九年、日本出版会は、順天堂医院の先にある文化アパート（正式には文化アパートメント）を全館接収して、ここに移り読書新聞も移動、ここで終戦を迎えることになります。

当時、東京にはマンションと呼べるような建物は、この文化アパートと、あと数えるぐらいしかありませんでした。ふつうは下宿屋、それに、ちょっとましな何階建てかのアパートがほとんどでした。

文化アパートは、アメリカ人でのちに日本に帰化したヴォーリズが設計し、大正末に完成した鉄筋コンクリート五階建ての住居用建物です。エレベーター、温水式の暖房、西洋式のキッチンやトイレ、洗濯機やアイロン付きの共同洗濯室、ハイヤーはすぐに使えるように常駐……。当時では考えられないほど近代的な設備が整っていた一方で、クラシックな内装は今思い出してもほんとうに素敵でした。マントルピース、シャンデリア、洋式のバスタブ。備え付けの椅子は、赤味のある濃い紫色のビロードで、花模様が織り込んである布張り。木部には彫刻がほどこされていました。

この文化アパートがいかに贅沢かというと、食堂があって、そこではオードブル、スープ、魚、肉、デザート、コーヒーと本格的な西洋料理のコースがありました。

ここの料理長が千葉千代吉《ちばちよきち》さんで、「暮しの手帖」を始めてから、「西洋料理入門」の連載をはじめ、シチュウの作り方、ハンバーグ、とんかつ、コロッケ、カレーライス、ピラフなど、誰もがふつうに買える材料を使って、おいしく作るコツを紹介してくれたのでした。

出版会にも、千葉さんの本格的な料理の評判が伝わり、会長や専務なども、この食堂で食事するようになり、出版会の会合も、ここでたびたび開かれるようになりました。私たちも、お昼はこの食堂で、安く一流の味の料理が食べられましたが、戦争が激しくなるにつれ、材料が手に入らず、だんだん内容のさみしいものになっていきました。

父の故郷に食糧を貰いに

昭和十九年になると、食料はすべて配給制で、その日の食べ物にも事欠くようになっていました。

秋のことでした。父の故郷の岐阜県養老郡時村では、父の兄と弟の二軒の人たちが、私たちのことを心配して、せめてお米でもあげるから来なさい、ということになり、私と妹の晴子の二人が行くことになりました。汽車とバスを乗り継いで行きます。

伯父の家で一泊して、つもる話、東京での空襲の恐ろしい話もしました。翌日、両方の家から、それぞれリュックに一杯のお米を貰い、おにぎりの弁当を持てるだけ持たせてもらって、帰りのバスに乗りました。

バスが隣の村のバス停に着いたとき、バスの入口で「しずちゃん、しずちゃん」と叫ぶような声がします。なんと、志津伯母さんがいて、大きなお米の袋を持って「伯父さんに内緒、お母さんにあげて……」と叫んで、手渡してくれました。この日のことを思うと、もう六十年以上も前のことなのに、涙がにじみます。

関ヶ原の駅で、東京行きの列車に乗り、なんとか座ることができました。だんだん人が多くなって、名古屋を過ぎたころには、いわゆる「すし詰め列車」になってしまいました。

お腹がすいてきたので、伯母さんたちが作ってくれたおにぎりを開きました。気がつくと、まわりの人がみんな、そのおにぎりを見ているのです。びっくりしました。一口、二口食べたのですが、食べ続ける勇気がなくなってしまいました。とうとう二人で相談して、持っていたおにぎりを、「皆さんどうぞ、召し上がってください」と、まわりの人に差し出しました。

みんな「ありがとう」「ありがとう」と言いながら、おにぎりを半分ずつに分けて、うれしそうに食べていました。戦争の思い出というと、このすし詰めの車中の、おにぎりのことが思い出されます。

やっと列車は横浜をすぎて鶴見まで来ました。ところが「列車は鶴見までです。空襲があって、列車は東京まで行けません。あとは歩いてください」というアナウンスがありました。

私たちは、お米と野菜のリュックを背負って、線路の枕木をひとつひとつ踏みしめるようにして歩きました。なんとか川崎まで来ましたが、そこには多摩川が大きく横たわっています。鉄橋を渡らなければなりません。枕木と枕木の間には、多摩川の水が青く見えます。足を踏みはずしたり、お米が重くて尻餅をついたりしたら大変です。川に落ちて死んでしまうかもしれません。妹の晴子も怖がっています。

でも行列になっていますから、前へ進まなければなりません。渡りきったときは、うれしかったです。お金より大事なお米や野菜は無事でした。大井鹿島町のわが家には、夕方、無事に帰りつきました。

その晩は、白いご飯を家中で、時村のおじさん、おばさんたちに感謝しながら、おなか一杯食べました。

このとき、人って大切、親類って大切と、しみじみ思い、「お前たちのために離れがあけてある、空襲がひどくなったら、いつでも来なさい」と言ってくださったことを、ありがたく思い出します。

いざというときに行けるところがある、ということは、空襲におびえる日々を送っている私たちにとって、どんなにかありがたいことでした。


少し話が戻りますが、田所編集長が、私の申し出を熱心に聞いてくださり、花森さんを紹介されたのには、こんなこともあったからかな、と、あとで思いました。

昭和二十年四月に田所さんのもとに召集令状が届いたことは前にも書きましたが、そのころ東中野にあった田所さんの家には、病身の俊子夫人とお嬢さん、それに夫人のお母さん、妹さんがいらしたのです。空襲がますます激しさを増してきています。

そのとき、私たち大橋一家が疎開する約束をしていた山梨県身延《みのぶ》の農家に、田所さん一家を疎開させたのです。疎開のときは、私と妹の芳子、同僚の大野さん、渡邊さんの四人で、田所家の荷物を何度かに分けて、列車で身延まで運びました。そして疎開から十日ほどして、田所さんの家は、東中野の大空襲ですべて灰燼《かいじん》に帰したのです。田所さんが熱心に花森さんを薦めてくださったのも、そんなことがあったからかもしれません。

朝鮮のアルバイトの青年におにぎりを

あけて昭和二十年。二十年は日本人にとって大変な年になりました。私の一生も決まった年です。


読書新聞では田所編集長のもと、編集会議でプランを決め、行動。原稿依頼、原稿書き、入稿、校正、印刷、発送が仕事でした。私たち女の人は、編集もやりましたが、新聞の発送も大事な仕事でした。文化アパート一階のロビーでの発送でした。

発送の前の日に飯田橋あたりに住んでいるおばさん三、四人に声をかけ、発送の仕事を頼みます。宛名を書いた帯封を掛け、大八車に積んで、本郷郵便局に運びました。

発送のアルバイトの中に、十七、八歳の朝鮮の人もいました。いつもいっしょうけんめい働いてくれました。十九年の秋、彼が朝鮮に帰ることになりました。こんなに戦争が激しくなったときに、朝鮮まで帰るのは、とても大変なことだと思いました。第一、食べるものがなくて、汽車弁なんか夢のまた夢のようなときです。

母に相談したところ、「お米はまだ少しあるから、朝鮮までのおにぎりを作ってあげたら」と言います。じつは私もそうしてあげたかったのですが、言い出せずにいたのです。

すぐ食べる分、五つか六つはそのまま握り、あと十個くらい焼きおにぎりにして、出立の日に渡しました。彼はとてもうれしそうにして、「帰ったら、タラコを送るよ」と言ってくれたけれど、こんなに戦争が激しくなってきているのに、無理なことを言ってくれて……と思っていました。

ところが、明けて二十年の二月頃でしたか、直径が二十センチ、高さ二十五センチくらいの小さな木の樽が朝鮮から送られて来たのでした。宛名はなんと「日本　東京　品川　大橋鎮子」となっていました。差出人は、おにぎりをあげた彼でした。「タラコを送るよ」と言ったことを実行してくれたのでした。「品川　大橋鎮子」だけでよく来たと、その小さい樽を抱きました。宛名が品川とだけでも、私が小学五年のときから戸主になっていて、郵便の宛名は私だったので、郵便局でもすぐわかったのだと思います。

食べ物を手に入れる苦労はいろいろありましたが、そのひとつを、のちに「すてきなあなたに」に「わたしの人形」というタイトルで書きました。その文章の一部を載せます。(二世紀四十六号　昭和五十二年　一九七七年)

「人形があったらほしいな、来月になるとお節句が来るでな」

農家の人が私にいいました。それは、終戦になる年の冬、二月はじめのことでした。その日私はいつ戦争が終るのか、ということさえも考えられずに、ただ飢えをしのぐための買い出しに、小雪ふる印旛沼のほとりの農家の土間に、凍る思いで立っていたのでした。そして、農家のおひな祭をまつ人と、空腹でじゃがいもを一コでも買いたい私とでは、王さまと乞食ほども違います。それは、みじめな思いでした。

私の持っている人形は、日本人形で一つしかありませんでした。家族の一員のように、戦災で焼かれないように、焼かれないようにと大切にしていたものでした。

背丈は50センチほどで、黒髪のおかっぱは耳をかくして首まであります。目はやさしくつぶらで、日本人形独特の美しい顔だちをしていました。

青紫の地に、赤と青とみどりの小花模様の着物を着て、帯は忘れましたけれど、白っぽくて、金銀のぬいとりがしてあったと思います。帯あげは緋鹿の子で、可愛らしく、私にとって、とても大切なものでした。

それから二週間ほどたって、私はまた買い出しに行かなくてはなりませんでした。明日行く、という前の日に、そのお人形を、母も、妹も、お別れに抱きました。（中略）

人形をかかえ、私はやっと津田沼でのりかえて、印旛沼にたどりつきました。印旛沼も氷がいちめんにはり、寒くて、寒くて、悲しくて、涙がにじんで、鼻水がでて仕方がありませんでした。

農家のおじさんは、美しい人形をみて、よろこんでくれました。そして、その日はお野菜とお米のほかに鯉を二尾ゆずってくれました。私はそのとき、鯉こくにしたら家族のものもよろこぶと思って、おみそをねだったことをおぼえています。

帰りは電車のなかで、別れた人形のことを思いながら、一方で、もう何か月もお魚らしいものをたべていないので、この鯉を母や妹がどんなによろこんでくれるかしら、と交互に思いながら、重い荷物を背負って帰ってきたのでした。（後略）

東京大空襲

そのすぐあと、あの恐ろしい三月十日の東京大空襲にあいました。三月十日は私と妹の芳子の誕生日です。毎年、母が乏しい食糧のなかから、なにか作って祝ってくれていました。九日の夜も八時か九時を過ぎていたでしょうか。ラジオが「大空襲、大空襲」と叫び、裏庭に作った防空壕に初めて入ることになりました。大井町からは東北の空が赤黒く見えて、消防車のサイレンがけたたましく聞こえます。

恐ろしい一夜が明けました。

ラジオが江東地区の大空襲を報じました。私たちの住んでいる品川や大井、大森、蒲田、世田谷あたりは、被害がなかったようでした。

とにかく読書新聞に出かけることにしました。朝、おにぎりを二つバッグに入れ、防空頭巾、もんぺ、運動靴すがたで、電車は動きませんから、歩いて行きました。品川の近くまで来たとき、トラックが私の横に止まって「乗りな」と声をかけてくれ、東京駅まで乗せてもらい、お茶の水の文化アパートにたどりついたのは、十二時近くなっていたと思います。

出版会にも読書新聞にも、人はあまり来ていませんでした。幸いお茶の水から本郷、新宿方面はなんともなくて、江東区、深川の隅田川の両岸が大変なことになっていました。

気がつくと、文化アパートの建物の前の国鉄に沿った道を、焼け出された人たちが、親類や知人を頼って、歩いて行かれるのでしょう……持てるだけの物を持って、ヨロヨロしながら歩いて行かれるのです。私は、その人たちを休ませてあげたいと思い、みんなに声をかけて、文化アパートの、使っていない椅子を道路に並べ、「せめてお水でも」と、やかんに水を入れて、コップと共にテーブルに出して、歩いてくる人に「お休みどころ」を作りました。

みんな、椅子に腰かけて、お水を飲んで、また西の方に向かって歩いて行かれました。悲しい思い出です。そんな日が三、四日続きました。


大井の私の家にも、違う災難が降りかかってきました。東海道線から五十メートル、大井第一小学校のまわりを強制疎開で立ち退かせて、そのあとを空き地にして、空襲があったとき延焼を止める、との理由で、私の家も壊されることになってしまいました。

びっくり仰天しました。それも一週間ぐらいしか時間がありません。紹介で、近くにある鹿島神社の持家で空いている家があるというので、お願いしたところ、快く引き受けてくださって、大至急の引越しになりました。そのへん一帯が立ち退きですから大変なことでした。

長年、住んでいた家を、太い綱を二階の柱に結びつけて、陸軍のトラックが引っぱって、ガッと一気に壊すのです。悲しくて、一部始終を見ていました。ガリガリ、ガリガリ、ガタン、ガタンと、毎日住んでいた家が音をたててくずれ、つぶれていきました。その五カ月あとに戦争が終わることとも知らず、わが家は消えていきました。

五 「暮しの手帖」の誕生

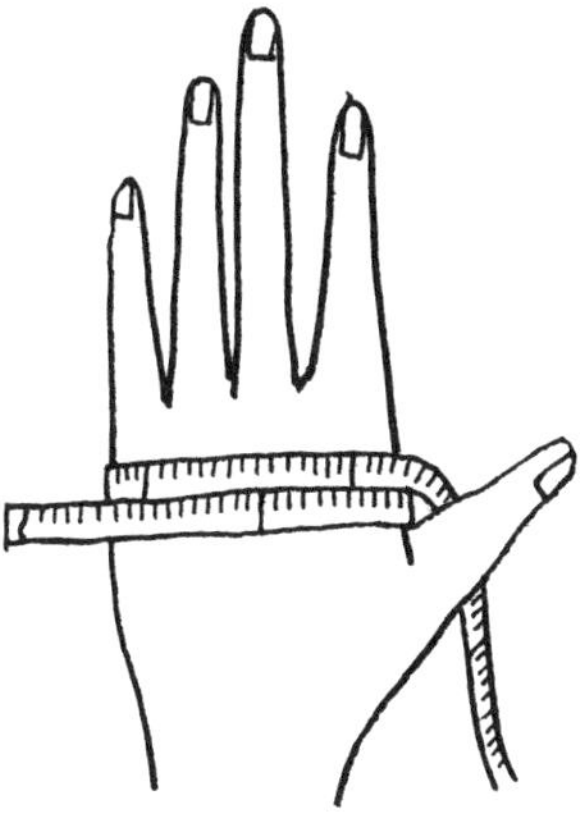

「これはあなたの手帖です」

敗戦の翌年、昭和二十一年に出した「スタイルブック」も、二十二年には、似たようなスタイル誌や、はなやかなファッション誌がぞくぞくと本屋さんに並び、私たちの「スタイルブック」は売れなくなりました。一方でやっていた花森さんの「服飾デザイン講座」も、仕事の中心にするほどの広がりにはなりません。

昭和二十三年になりました。

「新しい雑誌を作りましょう」と、一声をあげました。

「やろう、やろう」と花森さん。

「暮しの手帖」創刊の火がここで灯されたのでした。創刊号の目次に載っている七人、花森安治、大橋鎮子、中野家子、横山晴子、大橋芳子、清水洋子、横山啓一で始まりました。

「毎日の暮らしに役に立ち、暮らしが明るく、楽しくなるものを、ていねいに」。初心に戻ったのです。これまで、私たちは着物をほどいて、直線裁ちにして、ふだん着る服を作ることを中心にやってきたのですから、それに、食、住、そして随筆を加えて内容を充実していこうということになりました。隔月刊で年六冊の予定でした。

創刊号は昭和二十三年九月二十日発売。表紙は花森さんの絵で、こんな言葉が入っています。

「美しい暮しの手帖　第一号　新しい婦人雑誌」

表紙を開くと、まず、とびこんでくるのが次の一文です。

これは　あなたの手帖です
いろいろのことが　ここには書きつけてある
この中の　どれか　一つ二つは
すぐ今日　あなたの暮しに役立ち
せめて　どれか　もう一つ二つは
すぐには役に立たないように見えても
やがて　こころの底ふかく沈んで
いつか　あなたの暮し方を変えてしまう
そんなふうな
これは　あなたの暮しの手帖です

花森さんが書いた、いわば「暮しの手帖宣言」で、六十数年後の今も続いています。

第一号は全九十六ページで、写真が入っているのは巻頭八ページ。その内容は、「可愛いい小もの入れ」「直線裁ちのデザイン」「ブラジアのパッドの作り方」「自分で結える髪」という、今すぐ役立つ内容ばかりでした。続く色刷のページには「自分で作れるアクセサリ」「ちょっとした暮しの工夫」などがあります。トップの「可愛いい小もの入れ」は壁掛け式の小物入れですが、私が考え、中野家子が縫ったものです。直線裁ちのモデルも私です。髪を結って写真に写ったのは妹の芳子でした。なにもかもが手作りでした。

当時の婦人誌は、どちらかといえばスターとか令嬢などが中心なのに、「暮しの手帖」はまったく違ったのです。

「暮しの手帖」という名前をつけたのは花森さんでした。創刊号が「美しい暮しの手帖」となっているのには、エピソードがあります。

創刊の準備段階で「雑誌の名前が暗い」「女の人の顔が表紙じゃないと地味で売れない」などと取次店の評判がよくなかったのです。とはいえ「美しい」という言葉をいやいやつけたわけではありません。花森さんはこんな思いをのべています。

美しいものは、いつの世でも

お金やヒマとは關係がない
みがかれた感覚と、まいにちの
暮しへの、しっかりした眼と、
そして絶えず努力する手だけが、
一番うつくしいものを、
いつも作り上げる
（創刊号「自分で作れるアクセサリ」より）
（「新しい婦人雑誌」は第六号でやめました。「美しい」は第二十二号でとりました）

川端康成さんの原稿をいただく

第一号で原稿をお願いする先生は、花森さんがほとんど選ばれました。佐多稲子さん、小堀杏奴さん、扇谷正造さん、中里恒子さん、兼常清佐《かねつねきよすけ》さん、森田たまさん、田宮虎彦さん、片山廣子さん、川端康成さん、坂西志保さん、土岐善麿さん、和田実枝子さん、山本嘉次郎さん、中原淳一さん、戸板康二さん、吉田謙吉さん、牛山喜久子さん、杉野定子さん、根本進さん、藤城清治さんなど。

学者や研究者、作家、映画監督、マスコミの人たちに、ご専門についてではなく「暮らし」について書いてもらう、というのが、花森さんの考えでした。原稿をお願いにあがったのは、主に私と妹の芳子でした。

川端康成さんに原稿をいただけたのは、以前日本読書新聞にいたときのことを先生が覚えていてくださったからでした。

日本読書新聞の復刊第一号のとき、編集会議で、誰かすばらしい人の原稿を入れたいということになり、川端康成さんに決まりました。それを依頼する大役が、なんと私になったのです。当時の川端先生は、「伊豆の踊子」や「雪国」などを発表され、人気作家のなかの人気作家でした。のちにノーベル文学賞を受賞された方です。

お住まいは鎌倉の二階堂で、大塔宮のほら穴のあるあたり、私が鎌倉で小学校のとき通ったところです。川端先生のお家の玄関を開けて「ごめんください」「ごめんください」と何度も声をかけましたら、川端先生ご自身が出ていらっしゃいました。

「私は日本読書新聞社の大橋鎭子と申します。こんど『日本読書新聞』を復刊することになりました。その第一号に、ぜひ先生のお原稿をいただきたくて、お願いに参りました。長さは四百字詰原稿用紙三枚でございます」と申し上げると、先生は、「わかりました。書いてあげよう」と、快く引き受けてくださいました。私はうれしくて、うれしくて、飛ぶような思いで東京に戻りました。田所さんも編集部のみんなも、とても喜びました。

お約束の日、鎌倉駅から軽やかに歩いて先生のお家に着き、先生が玄関に出ていらっしゃいました。

「まだできていない。五日あとに来てください」とおっしゃいます。

その日が来て、また鎌倉に伺いました。その日もいただけませんでした。次の日を約束してくださいましたが、その日もいただけず、五回目に伺うとき、今日いただけなかったら、もうダメだろうと思いました。

玄関に出ていらした先生がやっぱり「大橋君、まだできていない」とおっしゃいました。私は先生のお顔を見ているうちに、突然、涙が溢れてしまいました。先生はその涙を見て、びっくりなさったのでしょう。

「書いてあげる、書いてあげる」とおっしゃって、先生のお机の前に座らせてくださいました。

先生は、少しお書きになり、しばらくすると破ってしまわれます。またちょっと書いて、破いてしまわれます。先生の机のまわりには、破かれた原稿用紙が散らばっています。私はここに座っていていいのかしら、と気にしながら、二時間近く、先生のペンを持った手を見つめていました。

そのうちやっと原稿が出来上がり、飛ぶような思いで東京に戻りました。

そのころ私はまだもんぺ姿です。御茶ノ水駅を出たところで、下駄の鼻緒が切れてしまいました。しゃがみこんで、なんとかすげかえようとしましたが、一刻も早く田所さんや柴田さんに原稿を見せたかったので、そのまま下駄を手に持って、片方はタビハダシ、片方は下駄という姿でガタペタ、ガタペタと走っていって、文化アパートの編集部まで帰ってきました。

花森さんが後日、

「君には驚いたよ。駅の近くで、しゃがみこんでいるのを見たので、声をかけようとした瞬間、君はガタペタ、ガタペタと走っていってしまった。なんという女の子だろうと呆れてしまった。編集部に来てみたら、川端康成の原稿を編集長に早く見せたいため、とわかって、納得がいった。あのとき日本読書新聞に、川端康成の原稿が載るなんて、特ダネ中の特ダネなんだ」

と言われました。花森さんに「出版の仕事をしたい」と相談したとき、すぐに受けてくださったのは、偶然そこに居合わせたことも大きかったかもしれません。

川端先生とは、これでご縁ができて、「暮しの手帖」の創刊号にも快く書いていただき、「大橋君」「大橋君」と可愛がっていただきました。

のちに、鎌倉にお住まいの高見順さん、里見弴さん、大佛《おさらぎ》次郎さんなどの皆さんともお付き合いしました。

裁判官に玉子を届ける

「新しい雑誌はこれまでの衣に、食、住、そして随筆を加えて……」と望んだものの、昭和二十三年ごろというのは、前にも書きましたように、あたり一面焼け野原ですし、お米や麦などの主食は配給制で、魚屋さんの店先には、魚はめったにありません。あってもせいぜいイワシやアジ、シジミやハマグリ、海藻ぐらいです。八百屋さんにも、わずかに葉っぱ類や大根などの根菜があるくらいでした。「食」と「住」の記事を本格的に取り上げるのは、もう少し後になります。

食べるものがないということでは、こんなことがありました。前の年の十月でしたが、当時「人をさばく裁判官がヤミをしてはならない」と、配給生活を守りぬき、栄養失調で死んだ東京地裁の山口良忠判事のニュースが騒がれていました。私は、裁判所の受付に、山口判事のような裁判官に差し上げてくださいと、玉子を預けようとしたのですが、受け取ってくれません。上司にでも相談したのでしょうか、結局、最高裁判所長官室に案内されました。もう一度、「これは買ったものではございません。私のうちのニワトリが生んだ玉子です。山口判事のような方がいらしたら、差し上げてください」と、三淵《みぶち》忠彦長官の机の上に玉子を取り出しました。玉子は二十四個ありました。長官は何度もうなずき、その玉子を、過労と栄養不足のためにたおれ、休職している青年判事の家に届けてくださったのです。

それから二年後、昭和二十四年の秋、私は三淵さんの新宿区牛込若松町の長官公舎を訪ねました。「暮しの手帖」に原稿を依頼するためです。

「なんとか私たちの雑誌に先生のお原稿を載せさせてください」

「いそがしくて、とても、とても」

老長官は、手を横に振りかけました。が、突然、懐かしそうに笑顔で、「おや、あなたはあのときの……」

三淵さんは、二年前の、玉子を持っておじゃました私を覚えていらしたのです。快く執筆を承諾していただけました。三淵さんの原稿「衣、食、住のこと」は「暮しの手帖」七号（昭和二十五年　一九五〇年）に載せました。

雑誌をリュックに背負い本屋回り

「暮しの手帖」第一号は一万部刷りました。取次店になんとか七千部取っていただきましたが、残りの三千部は、狭い日吉ビルの部屋や廊下に山のように積まれていました。

そのころ、本や雑誌を配送する取次店といっても、今の日販やトーハンのような、きちんと機能している取次店はありません。ただ戦前からあった日配《にっぱい》（日本出版配給会社）がほそぼそと配給している、そんな時代でした。

このままにしておくと、一日たてばそれだけ「暮しの手帖」は古雑誌になってしまう、なんとか人の目に触れてもらえるようにしなければならない、と考えました。

そうだ、自分たちで本屋さんにお願いして回り、店頭に置いてもらおう……このことを、みんなに相談したところ、「やろう」「やりましょう」となりました。

さっそく、「暮しの手帖」をリュックサックに二十四、五冊だったでしょうか、背負えるだけ背負って、伝票と風呂敷を持って出かけました。

行ったのは、湘南方面が大船、鎌倉、逗子、藤沢、鵠沼、辻堂、平塚、大磯、小田原、熱海、沼津まで。千葉方面は神田、秋葉原、錦糸町、船橋、千葉まで。茨城方面は取手、土浦、水戸まで。群馬方面は赤羽、浦和、大宮、高崎、前橋まで。私は主に湘南地区を受け持ちました。

まず藤沢駅に降りました。リュックから見本のために一冊を取り出し、あとは駅の一時預けに預けます。

当時は、本屋さんも開店しているのは、少しでした。店頭には、わずかな出版物が並んでいるだけです。

「こんにちは、私は銀座の衣裳研究所から参りました。こんど私どもで、『暮しの手帖』という新しい婦人雑誌を創刊いたしました。どうかこの雑誌をお店に置いていただけないでしょうか」。そう言って「暮しの手帖」をお見せします。本屋さんは手に取って、パラパラッと見て、「五冊持ってきなさい。預かるだけですよ」と言われます。

そんなふうに、書店を回って、注文を取って駅に戻り、預けてあったリュックを出してもらって、ベンチでお店別に伝票を作り、「暮しの手帖」を五冊とか十冊とか風呂敷に包んで持ち、リュックはまた駅に預け、次に乗れそうな電車の時間をメモして、また本屋さんを回ります。この当時は、一つの駅で本屋さんは二、三軒でした。

藤沢、辻堂、平塚、大磯を回ると、四時過ぎになり、陽も傾いてきます。そこで東京へ帰ります。翌日は、二宮から小田原、熱海、三島、沼津まで。一軒、一軒、本屋さんを訪ねて、お店に置いていただきました。

置いていただくのはいいのですが、それから一カ月ぐらいたって、売れ行きを見ながら売れた分のお金をいただいて回らなければなりません。これが、慣れない私たちにとって大仕事でした。

私は、「お代金をいただきます」「お代金をいただかせていただきます」と、大きな声で練習をして出かけました。

「暮しの手帖」をお預けしたのですから、売れた分のお金をいただくのは当然だとわかっているのに、なかなか言いにくく、つい、小さい声で、口の中でモグモグと言ってしまいます。

ある本屋さんに、「暮しの手帖」を五冊お預けしてありました。その伝票を見せて、「お代金をいただきにまいりました」と言いましたら、店主の方が「あんな雑誌、売れなかった」と言われました。「それではお返しください」と言いますと、「どこへ入れたかわからない」という返事です。

ふと見ると、ガラスケースの下のほうに、「暮しの手帖」が突っ込むように入れられていました。「ここにあります」と、残っている本を出してもらいました。三冊でした。伝票は五冊になっていました。

「二冊売れているようですが」と言いますと、本屋さんは、「こんなものは売れないよ。その二冊は万引きだよ」と言って、代金はくださいませんでした。それ以上は言えません。重いからだを引きずるようにして東京にもどってきました。

夜七時過ぎ、日吉ビルで、花森さんと、先に戻った仲間が、石油缶に穴を開けたストーブで、焼いもを焼いて待っていてくれました。

本屋さんでのことは、花森さんには、なにも言えませんでした。物を売ることの厳しさを考えるとき、今でも、この日のことを思います。昭和二十三年十一月の末のことでした。

そんなことで、翌二十四年一月に二号、四月に三号と出してゆきましたが、「スタイルブック」創刊のときに入った大金はどんどんなくなってゆきました。

三号で倒産か

暮しの手帖社のお金がだんだん少なくなっていくので、どうしたらいいかと考えながら、銀座の並木通りを歩いていましたら、興銀時代の知人にバッタリお会いしました。

「どうしたの。なんだか顔色が悪いよ」とおっしゃるのです。

「お金がなくて、困っているんです」

「大橋君は仕事が当たってすばらしい、と聞いていたのにどうしたの……」

「それは本当だったのですけれど、そのあとが難しくて、なかなか売れず、そのお金もなくなってきたのです」

「それなら銀行で借りればいいよ。興銀が貸してくれるかもしれないから、頼みに行ってごらんよ」

と言ってくださいました。

前に勤めていたということぐらいで、興銀からはとても借りることはできないだろうけれど、どなたかに市中銀行を紹介していただければと思い、すぐ翌日、興銀に行きました。

そうしたら、銀行の通用口に北岡文一さんが立っておられたのでした。北岡さんは昭和十二年四月に一緒に入行した方で、前にも言いましたが、「スタイルブック」を創刊したとき、全国から送られてきた郵便為替を現金にしてくださった方でした。

「北岡さん、私の会社もだんだんお金がなくなってきて困ってきました。先日、友人から、『大橋君、事業でお金がいるのなら銀行で借りなさい』と言われました。北岡さんの知り合いで、市中銀行の方がいらっしゃらないでしょうか。ご紹介していただきたいと思って来ました」

すると、「ちょっと待っていなさい」と、北岡さんは、銀行のなかに入って行かれました。十分ほどして、昔の仲間の、昭和十二年入行の周布公兼《すふきみかね》さんと黒川新さんを連れていらして、近くの野村證券の地下の喫茶店に行きました。そこで、お金に困っていることを話しました。

三人が小さい声で話し合っておられましたが、「興銀で貸してもらえるかもしれない」とおっしゃって、その手続きの仕方を教えてくださいました。

翌日から、書類をまとめ、二、三日して興銀に行きました。そこは中小興業金融課というところで、その課長さんが周布公兼さんでした（のちに「ふきんの研究」でお世話になった人）。

書類をまとめて提出しました。

それから十日ほどして興銀から電話がかかり、待望の二十万円を借りることができました。この二十万円で「暮しの手帖」の四号、五号を作ることができて、戦後すぐの不況をつぶれないで続けることができました。

あとになって聞いた話ですが、「興銀に前に勤めていたぐらいのことで、女の子にお金は貸せない」と反対する重役さんに、北岡さん、周布さん、黒川さんの三人が「僕たちの退職金を抵当にしますから、大橋君に貸してやってください」と頼んでくださったそうです。

それまで反対されていた重役さんも、

「君たちがそこまで言うのなら、貸してあげよう」ということになって、二十万円を借りることができたのでした。今のお金にしたら二千万円ぐらいでしょうか。

この二十万円が大きく花開いて、今日まで「暮しの手帖」が続けてこられたのでした。

皇族の方の本当の暮らしを知りたい

三号を出し、四号を編集しているころ、花森さんが私に、

「なにか、みんながアッと思うような記事を載せなくては、『暮しの手帖』がダメになってし

まう」

と心配そうに言われました。

「みんながアッという記事」。私もなにがいいかわかりませんでしたが、「考えなさい」という花森さんの半分命令のような言葉です。

フッと思いついたのは、私たちはまだそのころ、三度の食事はお芋が主で、米の配給はほんの少しで、あと、物々交換のヤミ米が少しあるだけでした。世間では「皇族方は、マッカーサーの特別の庇護のもとで、ゆうゆうと暮らしておられる」とも言われていました。私はそれを聞くたびに「本当にそうかしら」と思っていました。

そこで花森さんに、

「本当は、どんな暮らしをしておられるのかしら、世間では、特別のお金や物資がいっていると聞いているけれど……」

と聞きました。

「さあ、わからん」と花森さんの返事。

「そう、私、照宮さまにそのへんのことをお書きくださるよう、お願いしてみましょうかしら」

と言いますと、

「それはいい企画だ、君が行ってお願いしてきなさい」ということになりました。今の天皇陛下のお姉さまに当たります。

お住まいは麻布。今の港区役所麻布地区総合支所の前を少し行った右側、東洋英和女学院の向かいでした。私はお願いの手紙を書きました。

「私は『暮しの手帖』という雑誌を作っている者でございます。この雑誌にお原稿をいただきたいと存じます。近日お伺いさせていただきますから、どうかお会いください」というような内容です。
二、三日して、麻布の東久邇《ひがしくに》邸に伺いました。門のくぐり戸に手をかけますと、なんと、スーッと開きました。ふつう、こういう方のお家なら、門番ぐらいいるのに、と思いながらなかに入りました。飛び石があって、それをつたっていくと、家の人がふだん使っているような玄関がありました。その横には、芝居に出てくる御殿のような立派な玄関がありましたが、そこは使われていないようでした。
大きな声で「ごめんください」と三度ほど声をかけますと、四十歳ぐらいの上品な女の方が出てこられました。

「私は、先日お原稿をお願いいたしました『暮しの手帖』という雑誌の大橋でございます。改めて、お願いに参りました。照宮さまにお目にかからせていただきたいのでございます。よろしくお願いいたします」と言いますと、女の人はなかに入り、すぐ出てこられ、「どうぞ」と奥に通されました。八畳くらいで、テーブル一つで一杯になるほどの、畳敷きの部屋でした。五分ほどしましたら、ご本人が出てこられました。やさしそうな、あたたかそうな美しい方でした。

お会いくださったお礼を申し上げ、改めて原稿のお願いをしました。

「ごらんのように、ここも空襲で焼けました。命からがら防空壕に入りましたから助かりましたが」と、庭のほうを指さして、「いま、庭のはこべを摘んで、野菜の代わりに食べたりしていますの」と笑いながらおっしゃるのです。玄関あたりと、昔の供待《ともまち》部屋だけが残り、そこで暮らされているようでした。

「庭でニワトリを飼っていて、玉子をほかの宮家にお分けしていますの」

「私どもは、元皇族の方はマッカーサーからの特別の配慮で、豊かに暮らしておられると思っていました。それは間違っていました。今のこの暮らしのことをお書きください。それは、義務だと思います。みんなも、そう思うと思います」

「特別の配慮など、なにもありません。しかし、原稿は書いたことがありませんから、ダメです」とおっしゃいます。

「学習院のとき、つづり方をお書きになられたでしょう」と言いますと、

「つづり方は書きました、つづり方なら書けます」

「つづり方でけっこうでございます。今の暮らしのご様子をお書きください」

「つづり方でよかったら書いてみましょう」

「長さは四百字詰の原稿用紙四枚か五枚です。期限は二週間ぐらい先です。どうかよろしくお願いいたします」

「分かりました。書いてみます」

こんなふうにお願いして、私は凱旋将軍みたいな気持ちで、銀座の編集部に戻りました。そして花森さんやみんなに話しました。

やがて約束の日が来ました。お原稿を頂戴に伺うと、

「まだ原稿ができていません。二、三日しておいでください」
二、三日して伺いましたが、やっぱりまだおできではありません。五回目だったでしょうか、でき上がっていました。
原稿をいただいて、銀座の事務所に、飛ぶような思いで帰りました。花森さんは「よかったな」と言いながら、原稿に目を通しました。

「なんだ、これは。面白くもなんともない、書き直してもらいなさい」と、どなるように言うのでした。私はびっくりしたり悲しかったりで、もう六十年あまり前のことですが、昨日の

ように思い出されます。

翌日、また麻布のお住まいを訪ねました。しかし、いくら心臓が強くても、書き直してほしい、とは言えません。

「私が勘違いして、原稿用紙四、五枚とお願いいたしましたが、じつは十枚ほどでした。あと四、五枚ほど書き足していただけないでしょうか。お庭のはこべなど召し上がっていらっしゃる話など、ぜひ、皆さんに知っていただかないといけません。そんなことなどをお書き足しください」とお願いして、続けて書いていただくことになりましたが、その間、何度も催促を兼ねて伺いました。

お子さま方ともすっかり仲良しになり、一番下のお子さんなど、私が四つんばいになり、背中に乗せて廊下をノソノソ歩きました。そのうち原稿の催促に伺うと、「ア、オンマサンガキタ、オンマサンガキタ」と、背中に乗られるようになりました。

この二回にわたった原稿を一本にして「暮しの手帖」第五号（昭和二十四年　一九四九年）に載せさせていただきました。

タイトルは「やりくりの記　東久邇成子」。

当時の元皇族の方の暮らしを紹介するには、この原稿を読んでいただくのが一番と思います。載せさせていただきます。

やりくりの記

日本は變つた。私たちもこれまでの生活を切り替えやうと此の燒跡の鳥居坂に歸つて來た。やりくりの暮しがはじまつたのである。ここは居間の方が全部燒けて、ただ玄關と應接間だけが殘つたので、これを修理して、やつと、どうにか住めるやうにしたのだ。だから押入れが一つもなく、台所と言つても、ただ流しだけで、配給ものなどを入れて置く戸棚もないので、洋服ダンスの下方にしまつたりしている始末である。ともかく移ろう、あとは移つてから、だんだん工夫して便利に改造しようと思つてのことだつたけれど、何やかにやに追われて二年になるのにそのままになつている。

廣い品川の家に、昔ながらの習慣にひたつて兩親とともに暮す事は、ある意味では、樂だと言う事も出來る。しかし生活そのものを思いきりつめて、むだな所を捨て、將來に大きな希望、明るい夢を抱いて、その實現へと、一歩一歩ふみしめて行くと思うと、こんな生活でも、いまの暮しを私はたのしいと思う。咲き誇つた花の美しさより、つぼみのふつくらした美しさがほしいと思うからである。

しかし、自分たちだけの力で、何もかもしなければならないとなると、本當に忙しく、又しつかりと計畫を立ててしないと、この家庭生活は實に複雜である。お魚や肉や果物等時々自分で買いにもゆかなければならない。又、時には銀座あたりに、身の廻りの物等買いにゆく。昔ならば安くてよいものが簡單に手に入つたけれど、今は高くて手が出ないし、ちよつと變つたものになると、あちこちを探しても間にあわないものもある。

三度の食事も配給もので、大體まかなうのだけれど、パンや粉ばかりのときがあつたり、お芋が何日もつづいたり、時には玉蜀黍粉（註：とうきびこ）や高粱（註：こうりゃん）だつたりすると、どんな風にしたらよいか、中々頭をなやまされる。大人はまだしも、育ちざかりの子供達の爲に、榮養がかたよらないやうに、そして、おいしく頂ける様にいろいろ工夫しなければならないのだが、そんなわけで、いつの間にか、お粉の料理は私の自慢料理の一つになつてしまつた。

衣服でも、子供たちのものは皆つくる事にした。子供のものは、すぐよごれるし破けたりする上に、どんどん伸びて小さくなつてしまう。この間も、よそゆきのズボンを汚れついでに半日着せておいたら、夕方には、早速垣根にひつかけたとかで、大きなカギざきを作つて、私をがつかりさせてしまつた。下の子は今伸び盛りだから、去年秋に作つて、いくらも着なかつた合着を春に出して見たら、丈も短く、首廻りもなおさなければ着られなくなつていた。こんな風なので、布地を一々買つたり洋服屋に出していたのではとても大變だから、なるべく主人や私の着古しをなおしてこしらえるのである。いろいろデザインを考えてすると、變つた可愛いい感じのものになり、これも又やりくり暮しのたのしみである。子供たちもやはり、きれいな着物が好きと見えて、新しく出來ると大喜びで、それを着る日を樂しみにしている。
たまの日曜日「今日はおばあ樣の所へ行きましようね」と言うと、「僕も」「文ちやんも」と大はしやぎをはじめる。「電車にのつて！」「こないだ作つたおべべを着て…」と言ひながら一人でどんどん着物をきかえ、靴下をはいて靴をはいて、玄關からとび出す。何時もぐずぐずして「まだですか、まだですか」とよく言われるのに、その早い事、そして私達の仕度の出來るのを待ちこがれてゐるのである。たとえ父母のお古にしろ、さつぱりときれいな着物を着るのがうれしく、電車にのるのがうれしく、その上父母と一緒に手をとられて行くのがなおうれしい。日頃、家庭の仕事に追われてしまつて「本を讀んで頂戴」と言われても「今忙しいからあとでね」と相手にしない事がよくあるのでかうして生々とした笑顔を見ると、苦勞して作つてやつて、ほんとによかつたと思い、私の心まで明るくはずんで來るのである。（中略）
しかし、夏の仕度が整つて、やれやれと思つている中に、さわやかな風のおとずれと共にすぐに秋になつてしまう。もう今から冬の仕度にかからないと間にあわない。去年は私の古いウールの上衣をなおして、作つて見たが、ひと冬でだめになつてしまつた。今年は何を作つてやろうかしら、毛織物は家での洗濯が大變だし、小さくなつてもうなおせないので、冬は毛糸のものが一番良いと思う。子供の爲には暖く輕く柔かで着心地がよい。ミシンの様に手早くは出來ないが、私は小さい機械を使うので案外能率的である。

燒跡の大部分に畑もつくつた。毎日の食生活を少しでも助けるためである。夏の朝早く露をたたえて生き生きと輝いているトマト、なす、きうり等、もぎとつてくるのも嬉しかつた。しかし、今年の春の頃は、畑に人蔘も、ほうれん草も、大根もなくて、毎日春菊だの、わけぎだのと同じきまつた野菜に、今日は何を使おうかしらと苦労させられたものだ。そして結局高い端境期の野菜を買わなければならなかつた。この苦い經驗を生かして、來年は多種類の野菜が、少しづつでも、絶間なくとれる様に、殊に端境期を氣をつけて菜園計畫を立てようと思つている。(後略)

このとき初めて私たちは電車に中吊り広告をしました。東京周辺だけでなく、関西、四国、松江の鉄道にもしました。

広告の大きさは幅五十四センチ、縦三十八センチ。その中央に二十五×十七・五センチの紅赤の四角。その真ん中に、スミで次の文章だけをくっきりと書いたのです。もちろん花森さんが作ったものです。

特別企画
やりくりの記
東久邇成子
(天皇陛下第一皇女照宮さま)

くっきりと覚えています。

本屋さんにも次のような内容のチラシを配りました。

やりくりの記　特別寄稿　東久邇成子

天皇陛下の第一皇女、かっての照宮が、「暮しの手帖」にならと快く寄せられた得難い生活手記。訪問記事や談話、演説草案などでなく、自ら筆を執って雑誌に寄稿されたのは、皇室ご一家の中、今回の照宮さまが初めてです。いまは妻として、三人の子の母として、敗戦後の苦難にみちた明け暮れを、実に素直に、飾らず気取らず、大胆に書いて下さいました。恐らく国内はもとより、国外にも大きな話題を投げることでしょう。

おねがい　すぐ売切れると思います。あらかじめ、ご入用の部数を取次店までお申込おき下さるようお願いします。

当時は、前にも言いましたように、本を全国に配る取次店も、きちんとした仕組みができていません。だから、本屋さんに並べ、読者に手に取ってもらいたかったのです。

この号は売れました。それともうひとつ、うれしかったことは、ユネスコで、日本の文化紹介のため、雑誌を世界の国へ送ることになって、数多い婦人雑誌のなかから「婦人之友」と「暮しの手帖」が選ばれたのです。この知らせを受けたとき、本当に涙が出るくらいうれしゅうございました。

このことも、私たちの仕事が、少しずつ認められたことでもあり、雑誌の売れ行きも、上向きになりつつありました。一万だった部数も、四号が一万八千、五号が二万五千、六号が四万五千と増えていきました。それから、これも花森さんの考えでしたが、「暮しの手帖」は雑誌ですが、単行本のように、増刷を重ねて長く売っていこうと、最初から決めていたのです。その結果、一号は増刷を十回以上も重ね、売上げ部数は十万七百。二号も三号も四号も版を重ねて、各号とも約十万部は売れました。

「やりくりの記」を載せました五号が十一万七千五百部、つぎの六号が十三万八千部です。

私たちの雑誌が読者に受け入れられた、共感を得たと確信しました。

手優さん

七号（昭和二十五年　一九五〇年）のグラビヤのページに初めて食べ物の記事を入れました。「誰にでも必ず出来る　ホットケーキ」。

焼き立てのホットケーキにバターをのせ、朝ごはんや昼食の代わりに食べる楽しさ。誰にでもできて、みんなの気持ちを明るくするホットケーキの作り方を、銀座一流店のコロンバンに教えていただきました。

明るく、みんなに喜ばれる料理記事。とっさに頭に浮かんだのは、興銀に入ったとき、課長の工藤さんが新人歓迎で出してくださった、コロンバンのホットケーキだったのです。

写真は、ていねいに、材料から、粉のふるい方、玉子の白身と黄身のとりわけ、泡立て方、火加減のコツなど、十枚の写真で説明しました。当時、婦人雑誌でこんな料理記事はほとんどありませんでした。

このときの写真のモデルが私です（もちろん手だけですが）。君がやれ、と言ったのは編集長の花森さんです。最初は料理人、今で言えばパティシエがやったのですが、カメラをのぞいてみると、男の手では、なんとなくごつごつして、楽しく作ってみたいという気がしなかったのかもしれません。

それ以後は、料理以外の、トンカチの使い方からノコギリ、ナタ、カンナなどの大工道具、それに編物、ミシン、縫物……「暮しの手帖」の写真に出る「手」はほとんど私の手です。ときにはノコギリの持ち方を間違えて、写真は撮り直し、皆さんに大迷惑をかけたこともありました。「手優《てゆう》さん」は、花森さんが亡くなった後も、かなり続けました。

たぶん「暮しの手帖」を長年読んでくださっている方、と思いますが「料理などに写っている手は、お一人の方の手ではありませんか」「あの手は、どんな手入れをされているのでしょうか」というご質問を何度もいただきました。あえて答えますが、たいへん神経を使っていました。もちろん、毎晩寝る前に、よくマッサージをする、顔よりも手の手入れを大切にする、ということはありますが、それより何よりも、いつも手をかばう、ということです。

外出するときは、たとえ暑い日でも、必ず手袋をします。持ち歩きするものにも気をつけました。やる気もあって、みんなのため、読者のためにきれいな写真を撮りたいという気持ちが強かったから、弱音は吐きませんでしたが、ライトがすごく熱くって、肩のあたりが赤くなって火ぶくれをつくったこともあります。あのころは、今のようなデジタルカメラもありませんから、写真電球を五個も六個もつけて、被写体をもっとも美しく撮ろうとします。「手」も被写体のうちなのです。

カメラは松本政利さん。元は報道写真家で、千葉県銚子の飛行場から、外地に向かい、二度と還らぬ若者たちの写真を撮ったこともあると、目に涙をにじませて話してくれたこともあります。戦後、原節子さん、淡島千景さんなどスターの写真が評判になったこともあり、料理などの写真もすばらしく、あの木村伊兵衛をして「白い皿の上にのせた白い豆腐をモノクロで見事に撮る」と驚嘆させたという話を聞いたこともあります。

当時はまだスタイリストといった仕事をしている人もいません。料理撮影に必要な器やナイフ、フォーク、調理器具などを探してそろえるのは私たちの仕事でした。手作りのアクセサリーを紹介するのに、服が必要であれば、ぴったりなものが見つかるまでデパートを回ります。すべて買い取っていましたし、いつも真剣でした。

商品テストを始める

「暮しの手帖」の大きな柱である「商品テスト（日用品のテスト報告）」を始めたのは昭和二

十九年、「暮しの手帖」二十六号です。

第一回目は「実際に使ってみてどうだつたか――日用品のテスト報告その1」。商品は「ソックス」。小、中学生用で、木綿とウーリイ・ナイロンの二十二種。銘柄は三つで、実名をあげての比較テストでした。

じつは、それ以前にも、私たちの毎日の暮らしに、すぐにでも役に立つ商品を紹介していま す。「暮しの手帖」五号、「やりくりの記」を載せた次の号から「買物の手帖」というタイトルで読者からも募集しました。そのとき、最初に、私たち「暮しの手帖」の基本姿勢といいますか、こんな文章を書きました。

（前略）採否はお任せ願います、私たちが實際に試して見て、これならと責任の持てるものだけをのせてゆきたいと思いますから　勿論廣告料その他費用は絶對に頂きません。

これが十号ほど続き、「商品テスト」につながったのでした。

商品テストそのものは、当時からいくつかの団体で行われていました。外国では商品テスト専門の雑誌も発売されていました。でも「暮しの手帖」で始めた「商品テスト」は、取り上げる商品の選び方も、どこをどう調べ、どう判断するかというテストの方法も、商品テストの意味さえも、すべて白紙からとらえ直そうというものでした。

花森さんはよく「作っている人たちが命がけで作っているものを評価するのだから、こちらも全力でやるんだ」と話していました。

ソックス、マッチ、鉛筆、アイロン、しょうゆ、電球など、ごく身近な生活用品から始まって、トースター、洗濯機、石油ストーブなど、当時人々が「快適な暮らしのために欲しい」と思っていた機器、そして話題の新製品まで。私たちは毎回本当に真剣でした。

その結果「商品テスト」のページで「よし」、とされたものが大いに売れ、批判されると売れ行きが鈍る。そんな現象が起きるようになりました。メーカー側から商売のじゃまをするな、というようなことを言われたこともあります。逆に『暮しの手帖』で商品を紹介してもらうには、おいくらぐらいかかりますか」といった問い合わせをいただいたこともありました。広告代理店から「広告を入れませんか」とお誘いをうけたことも、一度や二度ではありませんでした。

ぜひ、みなさんに知っていただきたいことがあります。

「暮しの手帖」百号（昭和四十四年　一九六九年）の「商品テスト入門」のなかで、花森さんは、広告を載せない理由について、理由は二つ。一つは、編集者として、表紙から裏表紙まで全部の頁を自分の手の中に握っていたい。広告は土足で踏み込んでくるようなもの。そんなことに耐えられない。もう一つは、広告をのせることで、スポンサーの圧力がかかる、それは絶対に困る。〈商品テスト〉は絶対にヒモつきであってはならない。

という意味のことを書いています。また「商品テストを〝商品〟にするような雑誌にしてはいけない」ともよく言っていました。私もそう思いますし、だからこそ、きちんと実名をあげ、自分たちで実際使ってのデータを集める「商品テスト」ができ、皆さまからの信頼を得られたと思っています。

アルバムから

「暮しの手帖」創刊直後
銀座西8丁目にあった編集室で

銀座時代

昭和21年、銀座の日吉ビルに衣裳研究所を設立、「スタイルブック」を創刊したころ。服飾デザイン講座を開催、私が実際に着て、直線裁ちの服を紹介。花森さん（左）と

「やりくりの記」を寄稿していただいた東久邇成子さんと。掲載した「暮しの手帖」5号は初版2万5千部を完売。昭和24年、29歳

昭和35年、56号の「ベビーカー」の商品テストでは、実際に100キロ押して歩いて、結論を出しました。先頭は妹の芳子、前から4番目が私

昭和33年、国務省の招待でアメリカ視察旅行へ。母を始め、大勢の人たちに見送られて羽田から出発。滞在は4カ月に及びました。38歳

発送作業は社員総出で。日吉ビルの3階まで、雑誌の束を「バケツリレー」で上げ下ろししていました。昭和40年代

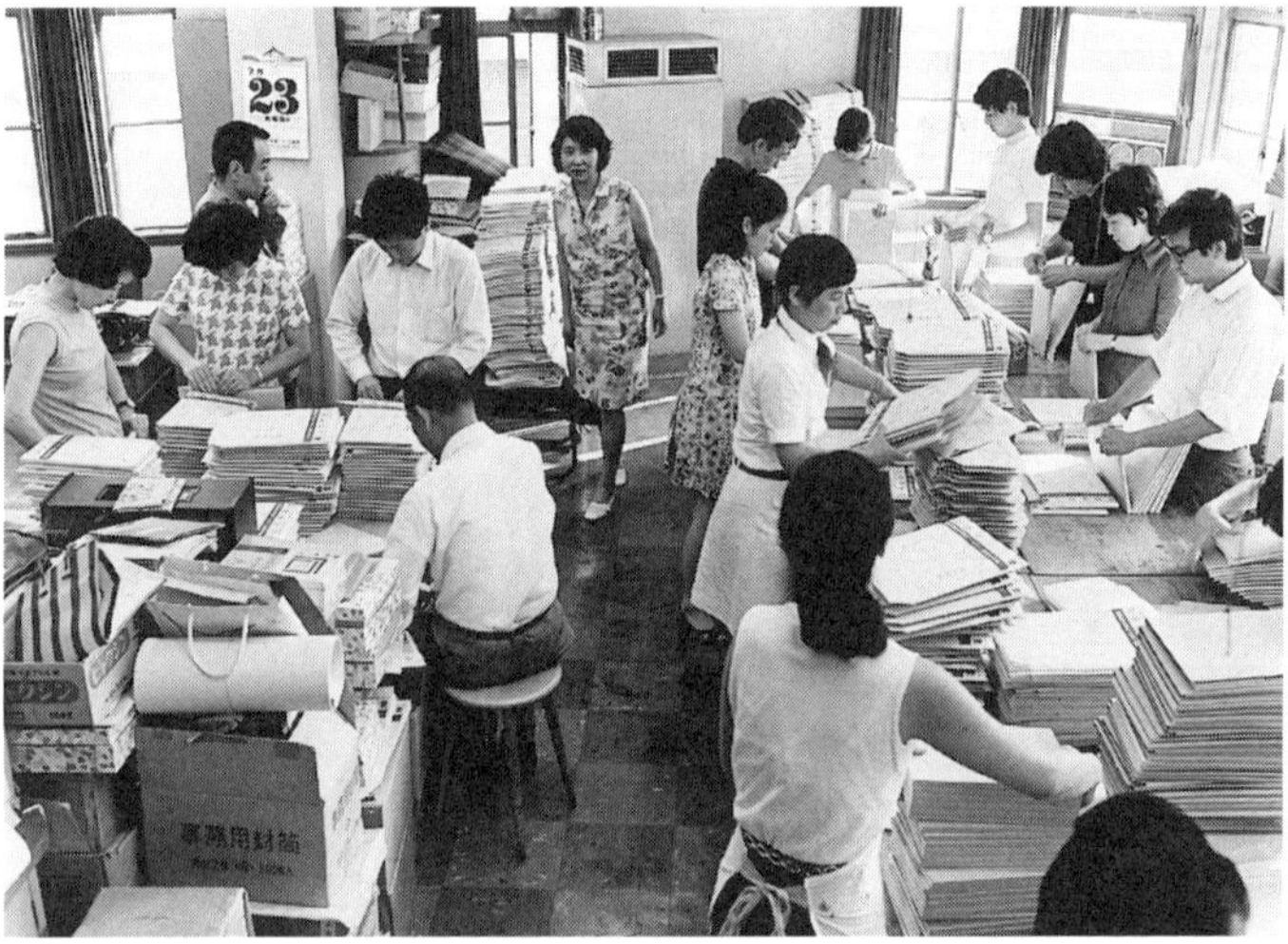

編集長の花森さんとプランの相談。花森さんはほんとうにおっかなくて、でもとても痛快な人でもありました

東麻布時代

東麻布に「研究室」ができたのは、昭和28年。長い間、編集部員は銀座と東麻布を行き来していました。写真は外観〈上〉、2階のキッチン付きスタジオと編集室〈中〉、1階の玄関〈下〉。昭和40年代

社長兼一編集部員として、ほんとうによく働きました。撮影や打ち合わせ時のスナップより。〈左下〉は手のモデルとして撮影中

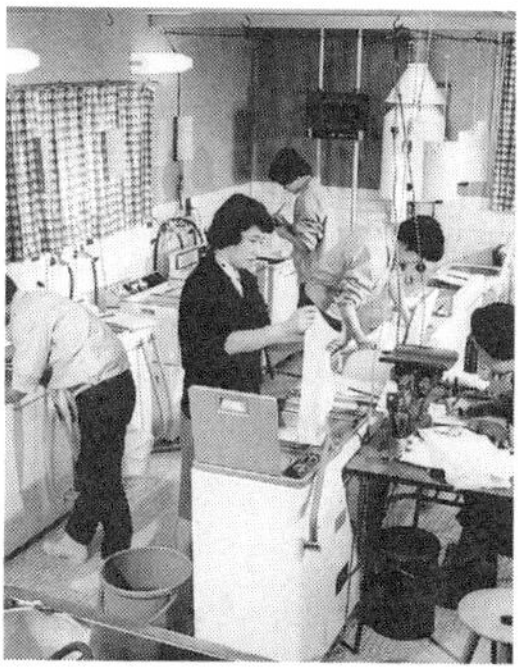

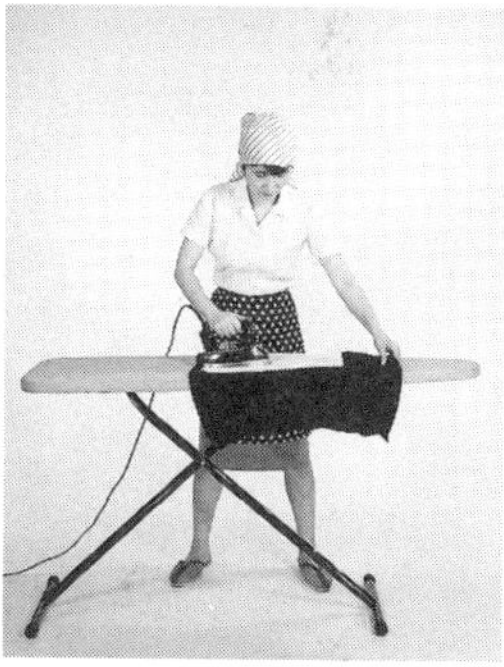

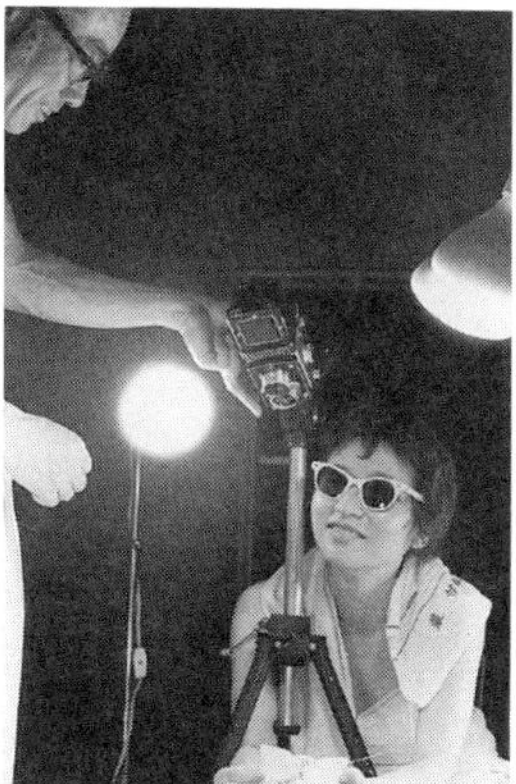

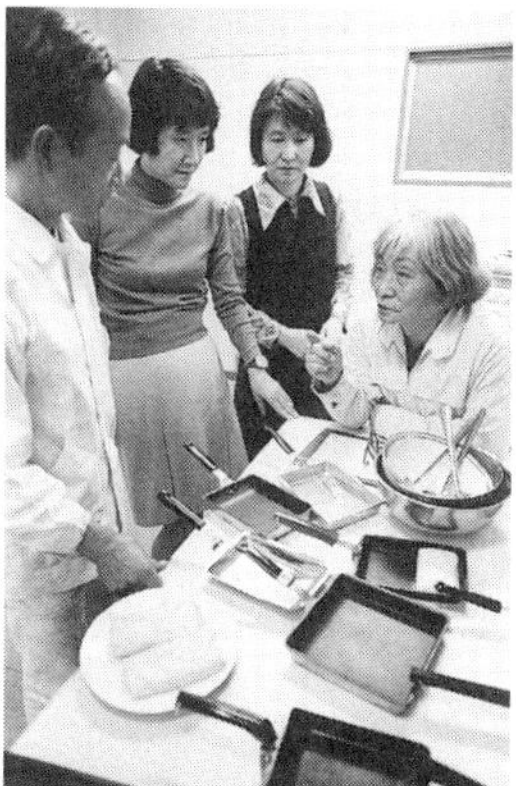

〈上〉昭和39年、75号「日本紀行」の取材で花森さんゆかりの松江へ。右はカメラマンの松本政利さん
〈下〉100号出版記念パーティ。創刊からのメンバーの胸には「暮」の活字のペンダントが。昭和44年

花森さんが「何かあったときにこれを使いなさい」と描きおいていた絵を表紙にした、2世紀53号を抱いて。昭和55年ごろ

六　「暮しの手帖」一家

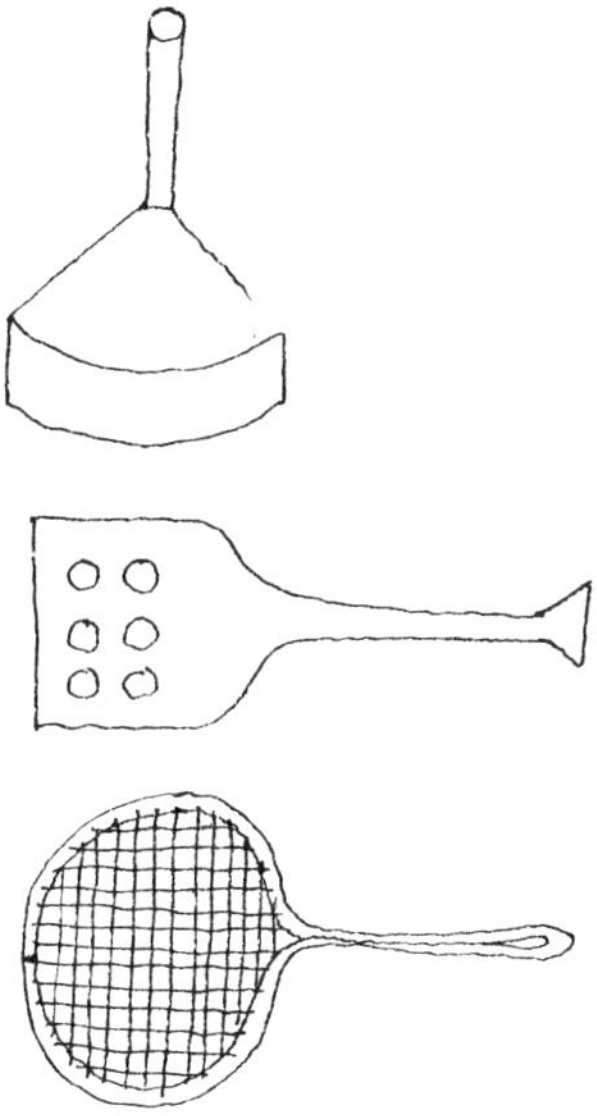

花森さんの教え

七人でスタートした「暮しの手帖」ですが、あらゆることは、花森さんを中心に動いていました。

プランを出し、構成を考え、写真も撮り、レイアウトし、原稿を書き、表紙やカットを描き、校正し、編集部員を動かし、紙を選び、印刷を指示し、製本を確かめる……。雑誌作りのすべてに関わり、最終決定もすべて花森さんでした。

プランは私や妹たちも出します。「こんなプランはどうでしょう」。すると花森さんは、「おもしろいんじゃない。やろう、やろう。でもそのままじゃだめだから、こうしたらいいんじゃない」

などとおっしゃる。それにしたがってプランを記事にしていく途中で、また花森さんに相談をする。そうして一冊が出来上がっていくのでした。しばらくのあいだは編集会議のようなものはやっていませんでした。少人数ですから、いつでも相談や伝達はできるし、今誰がどんなことをしているか、みんなわかり合っていました。

花森さんは、仕事に対して、とても厳しい人でした。

「いいかげんなことをするな」と怒るのです。こちらはいいかげんにしているつもりはないのです。でもよくよく考えると花森さんの言うことが当たっている。

だから何かするときは、つねに「花森さんならどうするかしら」「花森さんがなんて言うかな」と考えるクセがついていました。花森さんの厳しさを物語るエピソードは、きりがありません。

そして私は今思い出してもおっかないぐらい、花森さんに怒られました。思い出すとおっかないけれど、それと同じぐらい、痛快な人でもありました。二世紀五十三号に「編集長　花森安治のこと」と題して載せた文章から紹介します。

> 昭和二十六年、14号のときでした。まだ、そんなにいろんな色の布地がなかった頃でした。
>
> 工作でつくった組合せ家具の写真を撮影することになりました。そのとき花森さんは紙の色見本を示して、どうしてもこの色の薄手のウール地がいるといいます。それは紅赤でした。紅色というか赤に少しあい色がさしているしゃれた赤です。
>
> 紙の色見本を持って、東京のデパートの服地売場を探しました。どこにもありませんでした。銀座の洋服地屋さん、神田や万世橋の服地の問屋さんを探しましたが、やはりありませんでした。

「東京中さがしてもありませんでした」といいますと、花森さんは、「どうしても探せ」というだけです。横浜にまでさがしに行きました。それでも見つからず、とうとう染物屋さんにたのんで、白地の薄手のウール地を2メートルほど、その色に染めてもらいました。和服地の染屋さんでしたが、比較的近い色に染め上りました。

花森さんはその布で、幅のせまい座ぶとんを作らせました。そして箱イスの上に、小巾の紺がすりで作った座ぶとんといっしょにならべておき、無事に撮影がおわりました。出来上った写真はもちろん白黒でした。白黒写真ですから理くつからいえば、あの座ぶとんは、赤でも青でもよかったわけです。

それがどうして、あれほどきびしく、その紅赤でなければだめだ、と一歩もゆずらなかったのか、私はそのわけが知りたかったのです。

花森さん、白黒写真なのに、どうして紅赤のを、あんなに探させたのですか。といいますと、花森さんは、くいつくような顔をして、

「そうだ、この座ぶとんは白黒写真だから、何色でも本当はいいことだ。しかし、これから先、何年かたったら世の中はカラー時代になる。雑誌にも色が使えるときがくる、そのときになって、編集する者が色の感覚がなかったらどうする、そうなってからでは間に合うものではない、時間はないのだぞ、一枚、一枚の写真、これが勉強ではないか、なに

を言う」

それはするどい語気でした。

紺がすりの座ぶとんのよこに、紅赤の無地の座ぶとん、そのときの色どりの美しさは、昨日のことのように忘れられません。

編集会議の日は、朝から全社員が集ります。そこで花森さんは、全員が出したプランについて、このプランはいいとか、わるいとか、よければなぜいいのか、わるければなぜダメなのか、時間の許すかぎり、批評をします。

あるとき、こんなプランが出されました。母の日にちなんで、何千人かのこどもに「おかあさん」という題で絵を書かせたところ、いちばん多かったのが、おかあさんがテレビを見ている絵でした。

このデータを軸にして、この頃の母親像というものを、まとめてみたらどう、というのです。面白そうだ、そんな雰囲気が、ただよいました。そのとき花森はこう申しました。

「いまの母親が、どういうふうに時間をすごしているか、それは、もちろん考えてみなければならない大事なテーマではある。しかし、その方法はよくない。それを書いたこどもたちの気持を考えてごらん。こどもたちは、大好きなお母さんの姿を、その一枚の絵に、一生けんめい書いたのだ。

そこには、テレビを見る母親を批判する気持など、みじんもなかったはずだ。こどもたちの、そういう素直な気持で書いた絵を、大人のわれわれが、母親批判の材料に使うことに、ボクは反対だ」

このとき、私たちは、編集者として考えなければならない、大切なことを、学んだのでした。

また、編集会議の席上で、花森はときどき、大きな声を出すときがありました。それはたいてい、編集プランがなにか低調のときでした。

「読者の人たちが、本屋さんの店先で、落さないように、すられないようにとポケットやふところ、ハンドバッグの中に大切にしまってある財布をとり出し、その中から三百二十円出して暮しの手帖を買っていって下さる、これは、大変なことだということを、君たちは考えたことがあるか。

一カ月働いた大切なお金を入れた財布をとり出して、その口金をあけさせるだけの値打のあるプランも出せなくて、なにごとだ」

と叱ります。もちろん定価が四百三十円になれば、「四百三十円の値打があるか」五百二十円になれば「五百二十円の値打のあるプランか」と言われます。私たちも、いつの間にか「これは定価だけの値打のプランかどうか」と思うようになってしまいました。そして、読者の方が「暮しの手帖を買おう」と思って下さることの大切さが身にしみるようになりました。

文章についてはもっと厳しかったように思います。原稿を提出すれば自分の書いたものは跡形もないぐらいに、真っ赤に赤を入れて返されます。そしてそれを清書するように言うのです。「もう一回書き直しなさい、書くと覚えるから」と。

繰り返し言われたのは、「いい文章はいらない」「いい文章というのがあるとしたら、読んでわかりやすいかどうかだ」ということです。

私は料理ページを担当していましたが、花森さんは「料理のページは大事だ。みんなが作って作れるようでないと『暮しの手帖』がだめになる。一回でも作れなかったら買ってくれなくなる」と言っていました。

毎回プロの料理人さんにお話を伺ったあと、まずは材料を買って家で作ってみました。そして、原稿にまとめて、今度はそれをもとに編集部のキッチンで料理の素人に作ってもらうようにしていました。ふだん料理をしない男性編集者などに頼んで、作ってもらうのです。一カ所でもわからないことがあるとなると、「ちゃんと話を聞き直して来い！」と花森さんの声が飛びます。やり直しです。

いつもは怒られてばかりですが、だからこそほめられるとすごくうれしかった。編集部員全員にポケットマネーでカメラを買ってくれたこともあります。「雑誌で表現するのは、文章と写真だが、写真が文章より大事なときもある。これからは編集者も写真を撮れないと」と。「後から金を返せよ」と言われたけれど、結局誰も返していないと思います。

花森さん主催の社内写真コンテストも何回か開かれました。日曜日に場所を決めて集まり、みんなで写真を撮るのです。それを後日現像して、できた作品を花森さんがていねいに批評してくれました。

横浜がテーマのときは、山下公園のホテルニューグランドに集合。それぞれが波止場や、外人墓地、中華街など、思い思いの場所に撮影しにちらばります。そして時間を決めて、ニューグランドに再び集合して晩ご飯を食べて帰る。上の階の、お値段の張るレストランではなく、一階のカフェテリアでした。東京駅をテーマにしたこともありました。

写真コンテストで優勝して、花森さんにいただいた賞状と賞金を、今でも持っているという編集部員もいます。

「暮らしを少しでも楽しく豊かに」「いい記事、役に立つ記事を」——厳しく、怖いけれど、誰よりも「暮しの手帖」でなすべきことを考えていたのは花森さんで、その気持ちの強さや深さは編集部の皆に伝わっていたのです。「社員を鍛えよう」という愛情も伝わっていたのです。

社長兼一編集部員

私は自分の一番の仕事は、花森さんに思う存分仕事をしてもらうようにする、ということだと思っていました。

でも困ってしまうこともしばしばありました。

自分で描いた表紙が気に入らなくて、破ってしまったことがあります。ぷい、と自分の部屋に入って出てこない。寝ているのかと思ってのぞくと天井を向いて考えている。でも描いてもらわないことには本ができません。

考えていることがまとまらないときなど、黙って出かけて何時間も戻ってきません。大好きなプラモデル屋さんに行って、夢中になってしまうのです。

花森さんのところで仕事が止まると、印刷所も製本所も仕事が止まってしまいます。当時はできた本を配送するのに貨車を押さえたりもしていましたので、それをキャンセルして新たに押さえなければいけない。お金もかかります。そんなときは私が言うしかありません。

「名うての編集長でしょう、今日仕事をしなかったら、押さえているものを全部変更しなくてはいけないでしょう。みんなを困らせないでください。花森安治の名がすたります」

さんざん困らせておきながら、しかし、花森さんは印刷所や紙屋さん、製本所の人に好かれる人でもありました。

印刷が納得いく仕上がりになるまで話し込んだり、何度も刷り見本を出させたり、どなりつけたり。インクや紙にこだわって「暮しの手帖」用に特別の紙を作ってもらったこともありました。それには頭文字をとってK1、K2、K3という名前がついていました。インクのにじみがひどいといって、特製のインクを作ってもらったこともあります。

仕事に対する情熱が、工人さんたちの心を動かしたのでしょう。印刷や製本の工人さんたちのあいだに「暮し会」という集まりができ、いっしょに社員旅行に行ったこともありました。

当時の「暮しの手帖」を見ると、社員の名前だけでなく、印刷は誰それ、製本は誰それと、担当してくださった方々の懐かしい名前が書いてあります。花森さんはよく「印刷会社、製本会社に頼んではいるけれど、仕事は会社じゃなくて個人がやっているからね」とおっしゃっていました。使ったインクの種類や紙の名前まで書いてある号もあります。

花森さんの仕事ぶりに触れて、花森さんに鍛えられ、ときに花森さんに意見をする。私は社長でもあり、一編集部員でもありました。

プランは私もよく出しました。プランを考えるのは今でも好きなのです。そのころから、日曜日といえば、デパートや商店街へ行って、なにか素敵で便利なものがないか、見て歩くようになりました。人がたかっているところに私もたかります。そして「なぜそこにいるの？」「なぜ欲しいの？」と声をかけるのです。見ず知らずの人でも、はずかしいなんて思わない。「タネ探し」ですから勇気いっぱいです。皆さんがどんなものに興味を持ち、買われるか、いろんなことを教えられました。「タネ探し」は、今も続けています。

「暮しの手帖」一家

暮しの手帖社は、少しずつ社員が増え、テストのための実験室や、椅子や棚などを作って紹介するための工作室も必要になり、昭和二十六、七年ごろには日吉ビルの三階全フロアを借りるようになっていました。でも、もっと広いスペースや、スタジオがあるといいという思いが強くなってきたのです。

昭和二十八年、花森さんの知人の紹介で港区東麻布に土地を求め、花森さんが設計図を描いた建物を建てました。最初はスタジオ兼実験室だけで、編集部は銀座に残りました。でも、それでは行き来が大変なこともあり、徐々に仕事の中心は、創業以来を過ごした銀座から東麻布に移っていきました。

その後何度か少しずつ土地を買い足し、建物を建て増しましたが、昭和四十年代の暮しの手帖社はこんな様子でした。私たちはその全体を研究室と呼んでいました。

一階には総務・販売部、そして工作室、フラスコやビーカーなどを使う実験室、センタク室と呼んでいた部屋がありました。一階で一番広いのはセンタク室で、床はタイル張りです。ここは水を使うテスト、洗濯機や湯沸かし器などのテストをする部屋です。

二階には、台所付きのメインスタジオと編集室、それに写真室がありました。

小さいけれど花森さんの部屋、そして私の部屋もできましたが、私の部屋はほとんど物置になっていました。

スタジオと編集室はそれぞれ約三十畳、間仕切りで仕切ることができましたが、ほとんど広い一部屋として使っていました。

台所は壁際に大きいのと小さいのがそれぞれ一つずつ。大きなほうでは、撮影のための料理を作ったり洗い物をするほか、編集部員の食事のしたくにも使っていました。

小さい台所には、普通の家庭のサイズの流し台や一般家庭用の火力のコンロを取り付けてありました。家庭の台所の使い勝手がわからないと困るからです。撮影をするにしても大きいキッチンでは真実味が出ないからです。

台所にはたとえば、テスト中のスポンジとか茶こしといったものも置いてありました。誰かが町で便利そうな道具を見つけると買って来て、メモといっしょに置いておきます。するとみんながかわるがわる使って、そのたびに、日時や気が付いたことを書き込んでいく。ひと月もすると結果が出てくるのです。

研究室には三尺×六尺程度の組み立て式の同じ机が全部で四十台ぐらいはあったでしょうか。撮影用に原稿を書いたり、資料を置いたり、編集用の机として使っているものもありましたが、そのうちの六台は組み合わせて食卓テーブルのようにして台所のそばに置いてありました。

撮影があるときは料理を並べたりしますが、三時のお茶の時間や食事どきになるとみんながここに集まっておしゃべりをします。そこで情報交換をしたり、なにか困っている人がいれば知恵を出し合ったりするのです。

編集会議となると、スタジオにバタバタと机をロの字型に並べ直して、みんなが集まります。クリスマス会やお誕生生会も開いていましたが、そのときも同じです。

同じスペースで、原稿を書いている人もいれば、ミシンをかけている人もいる。編物をしている人もいる。料理のにおいもする。議論をしている声も、叱られている声も聞こえる。

花森さんは絵やカットを描くとき以外、多くの時間をここで過ごします。お客さんが来ても、台所のテーブルや、編集室の一隅に置かれた家庭用の応接セットで、応対していました。

「診察室での会話」として昭和二十八年二十二号からスタート、のちの「からだの読本」に引き継がれた医学記事の取材も、そんな雰囲気のなかで行われたものでした。

研究室に来てくださった先生を囲んで、花森さん、私、そして編集部員がお話を伺うのですが、たとえば胃の病気のお話であれば、「胃袋ってどこにあるのですか」「どれぐらいの大きさですか」と、ごくごく初歩的なことをまじえて伺っていきます。

台所のテーブルや、小さな応接セットで、知ったかぶりをしないで聞き、普通の話し言葉で交わされた話をまとめた記事。それは、わかりやすいと、たいへん好評をいただきました。

研究室には毎日の当番がいました。当番はまず、朝来ると窓を開けて風通しをよくします。寒くなれば暖房を入れ、暑いときはクーラーをと、心地よい環境を整えるのが大事な仕事でした。

昼にはご飯を炊き、お茶をいれ、ふきんやタオルの洗濯も当番の仕事です。当番は編集部員が男女四、五人ずつ組になって、週一回、回ってきます。三時のお茶の準備、それが済むと、当番は、残業組のために、主菜は千葉千代吉さんが料理をしてくれる、その手伝いで、みそ汁とおかずを作ります。これが結婚してからとても役に立ったと喜んだ若い部員もいます。男性の部員も例外ではありません。


母・久子も活躍しました。

刺繡や裁縫が得意でしたから、本に載せる服や小物をずいぶんと作ってもらいました。

日本の家庭に伝わる、料理とも言えないような日常のおかず、おもちゃとも言えないような遊び道具。そういうものを大事にしたい、とりあげたいと思ったときも、母は知恵袋のような存在だったのです。

たとえば二世紀六号（昭和四十五年　一九七〇年）でご紹介したらっきょう漬けの作り方は母の作り方そのままでしたし、二世紀一号（昭和四十四年　一九六九年）でとりあげたお手玉の作り方も母に教わったものでした。だいぶ後になりますが、別冊「ご馳走の手帖」（平成二年　一九九〇年）でご紹介した「ぞろりこ」は、冬になると母が作っていたもので、イクラの醤油漬けのことです。買えばとても高価ですが、家で作れば安く、しかも簡単。家庭をきりもりしていた経験が生かせました。

思えば、ものを作ることの不思議さ、楽しさ、毎日の暮らしに手間をかけることから生まれる幸せを、身をもって教えてくれたのも母でした。父の看病のかたわら、娘の私たちに作ってくれたすばらしい編み込みのセーターや、バラのビーズ刺繡をあしらったビロードの服、どんなにうれしかったことでしょう。

花森さんも早くにお母さんを亡くされたこともあったのでしょう。「おばあちゃん、おばあちゃん」と大事にしてくれ、なにかにつけて「おばあちゃんに聞いてみよう」と言いました。

母はときどき「テストなどで徹夜明けの人に」、と朝ごはんを届けてくれました。おにぎりや色ごはん、ごぼうやにんじんの煮しめなど簡単なものでしたが、それがおいしいと楽しみにしている編集部員もおりました。編集者の家族に病人がいると聞けば、「これで元気になって」と特製のスープを作って持って来てくれることもありました。亡くなるまで「暮しの手帖」を自分のお金で本屋さんから買っていました。そんなですから、「大橋家のおばあちゃん」ではなく、「暮しの手帖のおばあちゃん」と言われていたのです。

編集部というより、「暮しの手帖」を作っている家族、という感じ。会社というより、家庭のよう。あたたかみのある、愉快な場所でした。そんななかで「暮しの手帖」を作ることを、編集部員みんなが、とても大事なことと思っていたのです。

花森さんは、ものを批評する人はいいものを使って知っていないといけない、と考えていたのでしょう。三時のおやつのときに使うティーカップは大倉陶園のもので、研究室の人数分がそろっていましたし、椅子も飛驒産業のウインザーチェアを使っていました。暮らしにこだわりのある「家庭」でした。

当時の東麻布は、アメリカ大使館やソ連大使館などがある一方で、まだ一般の家も多く、近所に商店街などもありました。

商店街の人たちには、商品テストや暮らしの工夫の記事でいろいろと助けていただきました。樹脂加工のフライパンの商品テストのときは、野菜をどんどん炒めなければなりません。大量の野菜が必要です。八百屋さんが、やっちゃば（市場）からただでもらってきてくれました。市場で捨てる葉野菜の外葉などは、個人の家庭で出すクズ野菜と違い、食べる気になれば充分食べられるものだったのです。

魚焼き器のテストのときは、正確な結果を出すために「大きさのそろった魚を仕入れてください」とお願いしました。

また、炊飯器のテストのときは、毎日毎日何升とごはんが炊き上がります。ご近所に「今日は炊飯器のテストをやっていますが、ごはんはいりませんか」と聞いて回り、差し上げて食べていただいたこともありました。

徹夜が続く、真剣勝負の商品テストも、隣近所の方の助けがあって成り立っていたのだとつくづく思います。

別冊「すまいの手帖」をつくる

昭和二十二年の春のことです。敗戦直前に強制的に壊された大井鹿島町の土地に、仕事場兼用の、母と私たち姉妹三人が暮らせる木造の家、バラックみたいなものですが、建てることにしました。当時、花森さんと私の念願の雑誌「スタイルブック」を発行、最初は、思った以上に売れたときです。

しかし、雑誌を続けていくには、写真も撮らなければなりません。切ったり縫ったりの仕事場も必要です。知人の離れを使わせていただいていましたが、いつまでもご厚意にすがっているわけにはいきません。

あのころは、家を建てるといえば、大工さん、つまり棟梁に頼むのですが、建てる前に、契約料として、まず三分の一を払い、途中で材料費を払い、出来上がって残金を払うのがふつうでした。

しばらくして、棟梁から、「木材や左官屋さん、建具屋さん、瓦屋さんなどの準備ができました。材料費をください」、と言ってきたので、ギリギリ工面したお金を支払いました。それが大嘘で、お金を持ち逃げされてしまったのです。すっかりだまされたのです。親類をはじめ、たくさんの人に迷惑をかけました。

このときの思いと、なんといっても私たちの暮らしの基礎は家であるという思いが本になったのが、昭和二十五年の別冊「すまいの手帖」です。

花森さんは「すまいの手帖」について、広告の文面でこんなふうに書いています。


自分の家がほしいなあ、と切ないほどに思いながらも、とても及ばぬ夢と、私たちはみんなあきらめていました。その切ない夢をどうしたら實現できるか、それを必死に考えて、この別册を作りました。(中略)これまでの住宅の本や雑誌を見て、いつも私たちが物足りなかつたのは、さていいなと思つても、一体いくらかかるのか分らなかつたことです。

「暮しの手帖」一家

自分で設計しても、これがいくらで出來るのか見當もつきませんでした。その意味でこの別册は、出版界初つて以來の內容です。

私たちは、洋風か和風か、間取りはどうするか、など、家を作ることについていくらかの知識は持っていました。でも、材料の値段、たとえば瓦一枚の値段、品質の違いもなにも知りません。どうしたらムダなお金をかけないで住みやすい家が作れるか。この別冊は、五十人以上の建築家の方、専門の方々と、花森さんを中心に議論し合い、一年近くかかって出来上がりました。今になって思うと、私たちのムリな注文をよく聞いて、応援してくださったものだと思います。

そのとき、鹿島建設、清水建設、大成建設、竹中工務店の技術陣をはじめ、専門の方々の並々ならぬお力添えをいただきましたが、その中心になってくださったのが大成建設の清水一《はじめ》さんです。その後も、ずっと住宅関係の記事、エッセイ、「日本の民家」の連載など、いろいろお世話になりました。

昭和二十八年、バラックみたいな家を壊して、きちんと自宅を建てることになりました。設計は「すまいの手帖」以来いろいろお世話になっている清水一さんです。スタジオに使う目的もありました。私たちはいろいろな注文を出しました。

ふだんはベッドの下に隠れていますが、二階の床に三十センチ四方ぐらいの穴を開け、じゅうたんなどかなり大きい、広いものでも真上から写真が取れる仕掛けも作りました。

完成した家の台所では、流しの配置、換気のテストなどもやりました。

洋風のリビングルーム、畳の和室、そこにいろんな家具を配置したり、カーテンやじゅうたんを置いて配色を見たり、どうしたら美しく気持ちのいい部屋になるか、実際に試したり、写真を撮ったこともあります。

掃除のやり方も、ふすまの張り替え方なども、ここで何度もやってみて、記事にしました。

「キッチンの研究」始まる

その翌年、昭和二十九年から、二十三回にわたる「キッチンの研究」が始まりました。

花森さんも私たちも、すまいのなかで最も大切なところは台所とリビングルーム（茶の間）だと考えてきました。これは「暮しの手帖」創刊以来の基本姿勢でした。

この研究をやるには、実際に現在使われている台所をたくさん見なければなりません。写真も撮らなくてはなりません。そして、その台所のいい点、悪い点をはっきり指摘して、どうすれば使いやすくなるか考えなければなりません。

そのために台所を見つけてくるのが、私の役目でした。初めは友人の家とか、知人に紹介された家に行きましたが、それで間に合うはずもありません。

でも、まったく知らないお宅の玄関から「私は暮しの手帖社という雑誌社の大橋というものです。今、台所の特集を企画しています。ぜひ台所を見せてください」と言っても、まず断られてしまいます。

そこで、私なりに一計を案じました。

ずるいというか、物怖じしないというか、一度やろうと決めたことは、なにがなんでもやろうと考えます。子どものときからそうでした。北海道にいたときも、近所の子どもたちを連れてザリガニとりに行ったり、牧場の柵をこえて遊んだときのガキ大将も私でしたし、女学校のとき歯みがきを作ったりも、その一例だと思います。

台所拝見のときは、これぞと思うお宅の裏口に回って、「この近くに○○さんというお家がありませんか。道に迷ったらしいんです」と話しだし、チラッと台所を見て、「いい台所ですね。じつは、私は『暮しの手帖』という雑誌をやっている大橋鎮子といいます。ぜひ見せてください」と上にあげていただき、「あらためてカメラマンを連れて来ますから、写真を撮らせてください」とお願いするんです。

大岡山、田園調布、成城……ずいぶんと歩きました。断られることはほとんどありませんでした。

勇敢というか、猪突猛進というか、あつかましいというか、外国人のふだんのファッションを連載したときもそうでした（このことについては後で書きます）。

原稿の依頼は、私か妹の仕事

創刊以来、随筆の原稿を依頼に行くのは、主に私か妹の芳子でした。第一号で川端康成先生の原稿をいただけたのは、前にも書きましたように日本読書新聞にいたとき、原稿をいただいたことを、先生が覚えていてくださり、快く書いてくださったからですが、だいたい、まだ無名に近い、原稿料を払ってくれるかどうかもわからない雑誌社の、それも無名の編集記者が頼むのですから、まず断られるのが当たり前です。

初めてお願いに伺いますと、よく「ほかに、どなたにお願いしているの」と聞かれました。そんなとき、「川端康成先生や森田たま先生……」と言いますと、多くの方が引き受けてくださいました。川端先生がお書きくださるということが、いわば、雑誌の格にもなっていたようにも思います。

こんなことがありました。湯河原にお住まいの安井曾太郎画伯にお会いしたいと手紙を出しました。朝八時の食事どきなら会いましょう、というお返事です。私は東京駅発六時ごろの電車で、八時に訪問しました。

何度も、何度も「まだ書けない」「また来ます」。しまいには、家人の一人みたいになりました。ある朝、安井さんは、目を真っ赤にして「徹夜でやっと書けたよ」。

安井画伯のほうもうれしそうでした。何回通ったか、半年目ごろの「暮しの手帖」八号に載った「増築の家」、昭和二十五年のことでした。

ちょうどそのころ、財界の巨頭、池《いけ》田《だ》成彬《しげあき》さんの原稿も、絶対に書いてもらえないと言われていたのを、通いつめ、お願いし続けて、いただきました。「うまいもの」、「暮しの手帖」七号（昭和二十五年　一九五〇年）に載せました。

成彬さんは、息子の池田潔さん（慶大教授）に原稿の書き方を教わり、四百字詰めの原稿用紙に、改行なし、句読点もない、文字通り四百字の原稿をくださいました。たぶん、潔先生から原稿料は枚数で支払う、と聞いて、そうなさったのでしょう。そんな方でした。

それがご縁で、成彬さんが小泉信三さん（慶大塾長・東宮参与）や銀行の頭取に「私がまだ銀行に関係していたら、暮しの手帖にならポンとお金を貸すよ」と話し、それをまた知人たちが話し、雑誌の信用が、思わぬところで高まったそうです。

もう一人、お気が難しい方と言われながら、可愛がっていただいたのは、志賀直哉先生です。「暮しの手帖」七号に原稿をいただいてからのお付き合いですが、その後、お訪ねするたび、「暮しの手帖はうまくいっているか、部数は伸びたか」と気づかってくださいました。十六号（昭和二十七年　一九五二年）に載せた千葉千代吉さんのカレーライスをご自分で作り、「書いてある通り作ったら、おいしくできた。『暮しの手帖』は役に立つ」と、会う人ごとに宣伝してくださったのです。阿川弘之さん、大江健三郎さんもその一人だと、あとで聞きました。

あるとき私が伺うと、ご自分で作った「暮しの手帖」のカレーをご馳走してくださるのです。これは志賀家のメニューになったと言ってくださいました。とてもうれしかったです。

こんなこともあります。「暮しの手帖」七十八号（昭和四十年　一九六五年）に載せた幸田文さんの随筆「雑巾ぞうきん」です。その挿絵をお願いしたのは小倉遊亀《ゆき》さんです。

幸田さんは、父上の露伴先生と過ごした「蝸牛庵《かぎゅうあん》」の焼け跡に、家を建て、一人娘の玉さんとお住まいでした。幸田さんの原稿が出来上がるのは、たいてい夜おそく、しかし翌日には入稿しなければなりません。小倉邸は北鎌倉です。小石川傳通院《でんづういん》に隣りあう幸田さんのお宅を飛び出して、横須賀線の最終にぎりぎり飛び乗って、ひっそりと静まりかえった小倉邸の前に立ったのは、夜半過ぎでした。

遊亀先生に原稿を読んでいただき、絵が描き上がるまでの数時間、まんじりともせず待たせていただきました。間に合わなかったらどうしようと、そのことばかりを考えているうちに、夜が白々と明けていました。

あのときのことは、今でもはっきりと覚えています。

「幸田文さんの随筆には小倉遊亀さんの挿絵だ」と、譲らなかったのは花森さんでした。さすがにいい誌面でした。


妹の芳子も、私と同じで、一度決心したらやり抜くというタイプで、物理学者の長岡半太郎先生（第一回文化勲章受章）に原稿の依頼に行き、断られました。何度お願いしてもダメで、最後に「来年の今日に来たら書きましょう」との言葉を引き出し、来年の今日、ふたたび原稿の依頼に行き、原稿をいただいたのです。「日本人の洋装奇談」。「暮しの手帖」十号（昭和二十五年　一九五〇年）に掲載しました。

妹は、三島由紀夫さんの原稿も、ねばり勝ちで、いただきました。その折、何号か前に発表した直線裁ちのワンピースを着て行って三島先生にほめられたと、うれしそうに言っていたのを、懐かしく思い出します。

「暮しの手帖」のぬりえ

昭和二十四年ごろだったと思います。「暮しの手帖」二号にお原稿をいただいて以来、親しくお付き合いさせていただいていた画家の三岸節子《みぎしせつこ》さんを、鷺宮のアトリエに訪ねました。

そのとき、イーゼルにかかっていた一枚の花の絵をみて、思わず「私も描きたいわ」とつぶやいたのです。すると三岸さんは、「あら、描けるわよ」とあっさり答え、「この絵の下書きをあなたにあげるわ。それに色をつけたらいいの」と、こともなげに言われたのです。

これが、「暮しの手帖」が「ぬりえ」を出す大きなきっかけになったのです。当時も、花や動物や童話や女の子などの、子ども向けのぬりえはたくさん出ていました。三岸さんは、おとな子どもと言わず、当代一流の画家が描いた絵を、ぬりえにしようというすごいプランをくださったのでした。

編集部に戻って、花森さんに、そのままを報告しました。花森さんは「よしやろう」と即決し、「梅原龍三郎と安井曾太郎に会って、どういう人がいいか、教えてもらおう」と言うのです。梅原さんと安井さんといえば、当時、日本画壇の大御所です。

北海道育ちで怖いもの知らずの私ですから、さっそく、このお二人に会って、ぬりえの話をしたところ、それはおもしろいと快諾され、その紹介をいただいて、画家の皆さんをお訪ねしました。そして、完成した「絵」と、その「下絵」をいただくことができました。

編集指導の梅原龍三郎さんは、こんな文を寄せてくださいました。

子供の画には、その奇抜な構図や設色に、又何物をも恐れぬ表現の强さに、自分はしばしば感嘆し、教えられる多くのものがある。若しこれを指導して、発達を図るとなれば、好き趣味を養いつつ、美感と表現の生長を助ける事より他ない。ただ実際何物を与え得るか自分は甚だ難事に思うのであるが、然しこの企劃に対し、幸多くの優秀なる執筆者を得たので、自分には想像し得ない好きものが出来るであらふ事をひそかに希待している。

志賀直哉さんは、こんな感想を載せてくださいました。

子供の塗絵の本が「暮しの手帖」から出る事になり、その原畫を持つて来て見せてくれた。何れも奇麗な絵で、定評ある畫家達が念入りに描いたもので、中には大人でも欲しいと思ふやうな絵がある。

私の見たのは八、九人の畫家の描いたもので、畫風も色々であつた。子供がどういふ絵に一番共感を覚えるか、書込の端書でもはさんで置いて、子供達の感想を集めて見るのも面白いと思つた。

昭和二十六年「ぬりえ」1〜4集を出版しました。

ご協力いただきました画家の皆さんをご紹介します。

「ぬりえ1」には、鈴木信太郎、小磯良平、宮本三郎、児島善三郎、初山滋、杉本健吉、三岸節子、長谷川春子。「ぬりえ2」には、岡鹿之助、三岸節子、杉本健吉、鈴木信太郎、児島善三郎、小磯良平、脇田和、初山滋。「ぬりえ3」は中村研一、高野三三男、武井武雄、野間仁根《ひとね》、中尾彰、小絲源太郎、鈴木信太郎、木村荘八。「ぬりえ4」は黒崎義介、野間仁根、加山四郎、熊谷守一、鈴木信太郎、宮田重雄、久保守、木下孝則。いま見てもそうそうたる皆さんでした。

「ぬりえ」は一冊七十円、それに、下絵だけを綴った「ぬりえ練習帖」が二十五円でした。大好評で、四冊とも版を重ね、ざっと二十五万部、「練習帖」も、四冊あわせて約十六万部売れました。

第四回菊池寛賞を受賞

昭和三十一年、私たちは第四回菊池寛賞をいただきました。ご一緒にいただいたのは、

・荒垣秀雄　「天声人語」の執筆
・長谷川伸　多年の文学活動とその著作「日本捕虜志」
・河竹繁俊　多年にわたる歌舞伎研究
・淡島千景　本年度に於ける演技の著しき進歩

そして、

・花森安治と「暮しの手帖」編集部

です。受賞の理由は、婦人家庭雑誌に新しき形式を生み出した努力、でした。

この受賞は日ごろから親身になってお力添えをしてくださっている先生方、印刷や製本、紙など、裏方の無理な仕事をいっしょうけんめいやってくださっている方々、そして今まで読んでくださった方々のおかげだと思います。その上、日本中の方からわがことのようにたくさんのお祝い状までいただきました。いただいたいちばんはじめの祝電が、未だお目にかかったことのない読者からだと知ったとき、みんなぽろぽろと涙を流してしまいました。

主婦の友社の元社長、石川武美さん（当時の婦人雑誌出版界の長老）は、言ってくださいました。

一つの雑誌が一つの性格をもち、自分の道を進むことは容易ならぬことである。外国の場合を考えても、雑誌には、おのおの性格があり、独創に力をそそぎ、同業者でも、他人の独創に敬意をはらい、まねはしない。わが国でも、かつては、そうであった。

ところが、このごろは、遠慮なくまねをする。以前は、出版業が営利的に、容易に成立たなかったものだが、最近では、営利的に有利になりはじめたために、もほうするものが続出しだした。こんど、『暮しの手帖』に菊池賞がおくられたことには、私も〝独創〟を重んじるという意味で賛成だ。（後略）（週刊朝日　昭和三十一年　三月十一日号）

ここで、その年の文藝春秋四月号に掲載された「受賞者寸描」を転載させていただきます。

誠實な「型破り」　浦松佐美太郎《うらまつさみたろう》

（前略）讀者のためを思う誠實は、雑誌の仕事の上に現れる。讀者のために役に立つか立たないか。これが一番簡單な判斷の方法であり、カネを拂って雑誌を買う讀者は、それで雑誌を判断しているのだと言つていいだろう。ゴマカシのきかない事實である。だからいい雑誌は、ページ數ではなく中身がずつしりと重く、編集の丹念さが、まるで掃除の行き届いた住宅のような美しさを作り出しているのだ。「暮しの手帖」が成功した秘訣などというものはなさそうである。結局は、この編集部の誠實さということにすべてが歸着するのである。そしてこのことはまた、婦人雑誌だけでなく、ジャーナリズム一般にとつて、大切なことを反省させることともなるだろう。こんどの受賞は、その意味でも大きな意義があったと言える。この編集部がいよいよ脇目もふらず、更に將來のための雑誌作りに專念することを希望したい。

身にあまる、ご厚意あふれる批評でございました。これをご縁に、ジャーナリストの浦松さんには、奥様ともども、ご意見、相談にのっていただいたりしております。三年後のアメリカ旅行のときも、奥様には途中までアメリカを案内していただきました。

菊池寛賞には副賞がついていました。「金拾万円」です。当時の社員十七人に、モンブランの万年筆とスイス製のエテルナ・マチックの時計に「菊池寛賞受賞記念」と彫りこんだのを贈り、みんなで祝いました。今も持っている人が何人もいます。

七　手紙でつづるアメリカ視察旅行

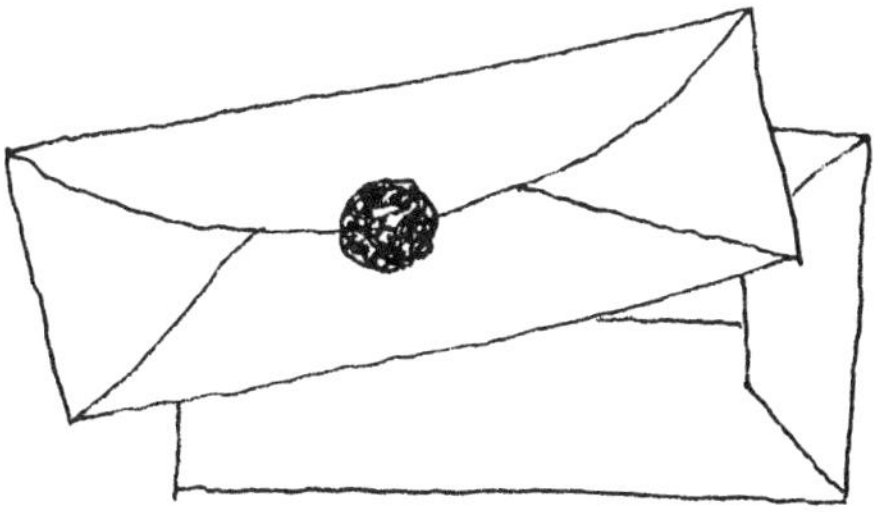

国務省の招待でアメリカへ

昭和三十三年の春、四月の初めだったとおもいます。

アメリカ大使館から、ご相談がありますからお寄りください、との電話がありました。

用件は「日本のマスコミ、ことに雑誌で活躍されている方を何人かお招きして、その目で現実のアメリカをごらんいただきたい。その候補の一人に大橋さんが入っています。参加いただけますか。いくつか、ぜひ見ていただきたい都市がありますが、あとは、どこに行きたいか、なにを見たいかなどのスケジュールは、あなたのほうで自由にお立てください。期間は二カ月です……」ということでした。

五十歳、六十歳の方ならご存じでしょうが、当時は、誰でもが自由に外国に行くことができない時代です。

花森さんと相談しました。花森さんは「ぜひ行って、存分に見てきなさい。編集に役立つことが必ずある」。そして花森さんと予定表を作り、大使館に参加することを伝えました。

そのとき招待されたのは、「週刊朝日」の扇谷正造さん、「文藝春秋」の池島信平さん、「旅」の戸塚文子さん、それに私の四人です。

出発は四月二十九日。羽田からです。花森さんをはじめ暮しの手帖社のみんな、母、活字、グラビヤ、オフセットなどの印刷関係の方、製本、紙屋さん、執筆家で親しくお付き合いさせていただいた中村汀女さん、清水一さん……たくさんの人に見送っていただきました。評論家の浦松佐美太郎さんの奥さま・フミさんは、アメリカ生まれで、ニューヨークまで、ご一緒させていただきました。

行ってよかったと、本当に思っています。いろんなものを見、驚き、考えさせられたこと、雑誌の編集にも非常に役立ったこと、あとでまとめて書きますが、まず、この旅行中、花森さんや、会社宛に送りました手紙がいくつか残っています。今ここで思い出を書くより、手紙のほうが、ずっと私の思い、驚き、感動をそのまま書いていますから、それを中心に載せます。

ワシントンD.C.より

五月二十九日、無事ワシントンに着きました。羽田からアラスカまでは自動車に乗っているような楽な旅でした。シアトルで一晩泊まりました。シアトルは、神戸のような丘に広がったところで、「ハウス・アンド・ガーデン」に出てくる昔の家のような家並がどこまでもつながっています。

浦松さんのお友だちが上流社会の方で二軒に招かれました。アメリカ人はお金を使うのに困っているような感じで、ゼイタクな室内装飾です。昔のもの、今の新しいデザインの家具など、アメリカ雑誌の豪華な頁をつぎつぎ見ているようでした。

シアトルからワシントンへ。ミネアポリスで乗り換えてミルウォーキー、クリーブランドあたりから飛行機がゆれて、とうとう参ってしまいました。ワシントンに着いて、ホテルまで夢中でした。

六月二日に、国務省に行くことになっています。昨日は浦松さんの知り合いの二世の家に招かれました。いろんな工夫をする家で、おもしろいものをたくさん見ました。

今日は国務省のバスでジョージ・ワシントンの家を見せられました。日本でいうと宮城か伊勢神宮にあたるもので、私には、昔のアメリカの住宅としか見えませんでした。

アメリカは、食事がまずいというのは本当にそうで、よくも、こんなものを毎日食べているのか、という感じです。食事は、生きる手段として食べているだけで、とても軽んじられていると思います。

案内された宿舎がとても悪いところで、食事も水もなくて、寝るだけのところです。朝起きると、ドラッグストアに行って、トーストと紅茶と玉子を食べるのですが、探していくのが大変です。六月二日に国務省に行ったとき、せめて食事のあるホテルに変えてほしいと言うつもりです。でも浦松夫人は満足しています。

国務省は実に親切に事を運んでくれます。みんな親切な上に、私のような女の人が、パブリシャーでプレジデント、ということが不思議でたまらなく、どこでも質問が出ます。なかには「貴女を招待したことは、最近の国務省のヒットだ」なんて言うくらいに大切にされています。なにかみんな、日本を見直して、私のような人がいるのを驚いています。だから、とても疲れます。

ワシントンで泊まっていたホテルに、扇谷さんから手紙がきて、じつに親切に、いろいろ注意してくださいました。たとえば「おじぎはしないこと、握手すること」「英語は話さないこと、ただし、サンキューとエクスキューズ・ミーは言うこと」「お金は小切手にしなさい」「朝日の支局に連絡しなさい」などなど。

支局に連絡しましたら、中村支局長が夕食に、私と浦松さんを北京という中華料理店に呼んでくださいました。その席に九重織の九重年支子《とし》さん（浦松夫人の友人）がいらして、あんなホテルは泊まるところでないと、中村さんと一緒に、渋る浦松さんを説き伏せ、ワシントン一流のメイフラワーホテルに部屋を取ってくださいました。

ところが、浦松さんが急にお嬢さんに会いに、五日の早朝の便でボストンにゆかれ、九重さんも昼の飛行機でデトロイトに出発ということになりました。

私が一人になったのを心配して、九重さんは、興銀や北陸電力の人や、平林たい子さん、円地文子さんの泊まっているデュポン・プラザ・ホテルに移ったほうがいいと、手続きを取ってくださり、引越しました。四階に、だいたい日本人がかたまっているようで、興銀のみんなは、ここを事務所兼ホテルに使っているので、とても気をつけてくれます。(通訳は夕方までしかいませんから、夜はとても困るのです)

このホテルも一流ですが、部屋にキチネットがつき、電気冷蔵庫がついて、長くいる人は、これを利用しています。銀行の人たちは三カ月も四カ月もいるようです。

ボストンより

六月九日、ボストンに来ました。毎日元気で過ごしています。いろんなことで、想像以上の毎日を送っています。夜中の二時にカフェテリア(食堂)で夕食を食べたりすると、そんな時刻に、たくさんの若い女の人、うちのお母さんぐらいの人など、一人でごはんを食べています。

それが大勢なので驚きます。アルバイトをしている人たちだそうです。年寄りの男の人や女の人が、朝でも昼でもポツンと一人で食事をしたり、パズルをやったりしています。ボストンでは、地下鉄に乗ったり、市電に乗ったり、すっかり庶民生活です。通訳の人が早く歩くので困ります。8ミリを撮ろうと、立ち止まっても、どんどん行って、見えなくなるので、ひとつも撮れません。

アメリカは美しい国です。私にはぴったりらしいのです。建築のほとんどが、花森さんが画くカットの家そっくりです。家の中もロココ風の家具がたいてい置かれています。

花森さんに見せたい、見せたいと思います。昨日はロックフェラーの家も見ました。ウェズリー女子大学の立派なことはお話になりません。待合室が、伊豆の川奈ホテルのロビーより大きく、すばらしいのには感心するより呆れました。

出発前に話していた「ふきん」はデパートに行くたびに買っています。ずっと大きめのものが主流です。

明日ニューヨークに行きます。

ニューヨークより

十五日にニューヨークに着きました。ボストンで知り合った奥さまが、ニューヨークに用事があるとのことで、キャデラック(最新型、前のシートが運転する人の体格に合わせられるように、上にあがったり、後ろにずれたり、背中が前にいったり後にいったりする)でニューヨークまで乗せていただきました。

その道中の道のすばらしいことは、道路にうるさいアメリカだけのことはあります。両側が、ちょうど明治神宮の外苑のように、芝が植えられ、木が植えられ、外苑を車で通ると気持ちがいい、あんな雰囲気でした。

ニューヨークの街は、ワシントンの明るさ、ボストンの何か固そうな、気取った、暗さとも違い、なにかザワザワと、大勢の人が行きかって、比較にはなりませんが、東京と似ています。汚い格好をした人もいれば、ステキな人、頭中、花を飾りたてた人、真黒な服を着た人……ただ、けっして人をジロジロ見たりする人もなく、みんな忙しそうに歩いています。

女の人の服装は、各自好み好み、じつに楽しそうに着ています。お年寄りほど、美しく、花の帽子をかぶって、ステキな人が来ると思うと、五十歳以上の人のようです。こういう服を着る楽しさを、早く私たちも覚えて、歳をとってもステキな姿で暮らしたいし、このことを、なにかのかたちで、日本の女の人の暮らし方に取り入れたいのです。

ニューヨークでまず驚いたのは、駅の汚さです。地下のせいもあるでしょう。ボストンでも地下鉄に乗りましたが、とても汚くて、席は、戦時中の日本の木のシート、あれと同じで、真鍮の柱が方々に立っていました。ワシントンからボストンにはペンシルベニア鉄道に乗りましたが、左右にガタガタゆれて、食堂車は「つばめ」のほうがよほど立派です。乗っていた男の人が「もう十年たったら、こんな鉄道は消えてなくなるだろう」と言っていたそうです。

ニューヨーク、シカゴ間は飛行機です。一番ステキな汽車にぜひ乗りたいという私の申し出に、国務省はロサンゼルス～サンフランシスコの特等のシートを取ってくれました。あとは全部飛行機です。

ホテルは、街なかの便利なホテル・ウエリントンです。フィフス・アベニューには、日吉ビルから銀座通りに行くぐらいの距離です。

十七日、メーシー百貨店に行き、そこの女の人にいろいろ話を聞きましたが、いちばん感激したことは、メーシーは、お得意さんより、八千人の店員を大切にしていることです。そのことをはっきり、その女の人が言い切っています。ほかの日本の経営者にはわかりませんが、私はハッとしました。これが世界一になれた大きな原因だということです。それに、デパート十九階中、十階までが売り場、あとの九階が商品テスト、仕入れ、格納、店員の部屋、女店員の休憩室のロビーにはグランドピアノまでありました。

もう一つ、メーシーの売上げの七五％が電話の注文とのことです。「暮しの手帖」も考える必要がありますね。

とにかく、どこに行っても、行く先々で、女の人が重要なポストにいるのには驚きました。エレベーターに乗ると、男の人は帽子を脱ぎ、女の人を先に降ろしてから、降ります。話には聞いていましたが、私にまで、みなさんきちんとします。だんだんアメリカの男の人が惨めに見えてきました。

今日、五番街の室内装飾だけのデパートに行きました。デパートに入るなり、ぜんぶ応接間のように、ルイ王朝風やパイオニヤスタイルとやらの椅子とテーブルが、座れるように並べてあって、その間をぬうように歩くのです。思わず唸ってしまいました。

なにもかも日本と違いすぎるのです。こんなすばらしいものを、花森さんが見ないうちに私が見て、申し訳なく胸がつまります。

「コンシュマー・リポート」には金曜日に行きます。一時間ぐらいしか会えない、締切りだ、ということです。

ニューヨークより　2

ニューヨークでは、いろんなことが多くてびっくりしています。

二十七日（金）に記者クラブで昼食の会があるからと参りました。女の記者と男の記者が二十人ほどでした。その席上で、「ペアレンツ・マガジン」のジョージ・J・ヘクトさんからメダルをいただきました。

Presented to Shizuko Ohashi for creative excellence in journalism for women

と刻んである直径七センチほどのメダルです。この会には、副領事が出席して「こんな光栄なことはない。日本の女の人でこういうメダルをいただくのは初めてだ。日本を代表してお礼を申し上げる」と挨拶していただきました。これはニューヨークタイムズにも載りました。

どこへ行ってもお姫さまのように大切にされて大変です。結局、花森さんの偉い分も、私が偉いようになって、少しきまりが悪いやら、申し訳ないやらですが、「花森さんという優れたチーフ・エディターがいるから」と話しますが、私が偉いと思われるのです。

十九日午後、ペアレンツ社に行き、編集部を見学。全部が女の人で、子ども、食物、服装、小説などの部に分かれ、各編集長が女の人、部員もみんな女の人でした。

夕方、ヘクト氏の家に招かれました。ニューヨークの北、四十分くらいの所で、いちばんの高級住宅地だそうで、軽井沢みたいな所です。とても豪華な家で、バトラーが一人、女中二人という家。まるで「グッドハウスキーピング」や「ハウス・アンド・ガーデン」に出てくるような、すてきな食卓で、十人ほどのお客さまと楽しい夕食でした。

二階の部屋に泊めていただきました。朝は、果物がアクセサリーのように、テーブル一杯の食卓で、朝ごはんをいただきました。

ペアレンツ・マガジン賞とはどんな賞なのか、なんにも知らなかったのですが、ヘクト氏といろいろお話をし、図書館に行って調べてみました。

この賞は、一九三〇年にジョージ・J・ヘクト氏が設立し、原則として、子どもや、家庭について、なにかよい仕事をした人におくられるもので、だいたい一年に一人ということのようです。

いちばん最近では、ウォルト・ディズニーにおくられています。「子どものための教育映画、科学映画を作り、子どもにゆたかな夢を与えた」ことに対してでした。

そのほか、この賞をおくられたなかから、私たちにも耳なれた人を二、三あげますと、たとえばジョナス・ソーク博士（小児マヒのワクチンを発見した人）、ダニー・ケイ（映画俳優。戦災国の子どもにミルクをおくるユニセフの仕事に力を尽くしたことに対して）、エリノア・ルーズベルト（元大統領夫人）、フォード二世（自動車のフォードですが、子どもの福祉事業に力を入れていることに対して）などなど。

そして、賞をおくられる人は、これまでは、みんなアメリカ人か、アメリカに住んでいる人に限られていました。外国人にこの賞をおくったのは、今年が初めてということでした。

「ペアレンツ・マガジン」は、ヘクト氏が一九二五年に作ったものですが、創刊のとき、ヘクト氏は、こんなことを書いています。

「牛や豚や犬や花や草や、そういったものを育てるための雑誌はいくらでもあるが、この世の中で一番大切な仕事、つまり子どもを育てるための雑誌だけがなかった」

この雑誌は、「ゆりかごから大学までの子ども」の育て方を中心に編集されていて、この八月号で百七十七万五千部出しています。

この賞をいただいて、しみじみと思いましたことは、読者の皆さま、本屋さんの皆さま、かげになり日向になり、お力添えくださいました先生方への感謝、そして、もっともっと努力しなければ、ということでした。

二十二日の日曜日は、久しぶりにのんびりして、8ミリを五番街で撮りました。

二十三日は「ウーマンズ・デイ」に行きました。ここでもとても歓迎されて、「ウーマンズ・デイ」に出ているものは、交渉してくれれば、翻訳をしてもいいという約束をしました。ここも編集はぜんぶ女性、編集長も女性でした。

二十四日、待望のグッドハウスキーピング社に行きました。さすがです。「暮しの手帖」も将来はこうすべきだということがわかりました。

ここでも大歓迎を受けました。午前中、商品テストを見せてもらいました。昼食はグッドハウスキーピングの台所で作ったものを、ステキな食堂でよばれました。

午後、方々を見て「どうしても写真を撮るところが見たい」と希望して、スタジオに行って見せてもらいました。ちょうどガラス器にアイスクリームを二十個入れた写真の撮影中でした。天然色で、光はストロボでした。うちと同じで、カメラの前に黒のラシャ紙をおいて、レンズの分だけ穴を開けて、撮っています。そして撮影のすんだ後のアイスクリームを、一人五個分ぐらいいただいて、お腹も体も冷え切りました。

二十五日は、商品テスト室を見せてもらいました。実に立派な設備でしたが、感心したことは、たとえばグッドハウスキーピング社の人は、いつでも自分の着ているものを洗濯室で洗ってもらうのです。そうすると洗濯の技術の人や係りの人が、洗う前に寸法を測って、縮んだかどうか、たえず検査と勉強ができるわけで、うちなら花森さんのシャツも板谷君のランニングも、記録をとって洗うことになります。その点、「暮しの手帖」のやり方とそっくりです。

美容室研究室では、みんなここで髪を洗ってもらい、パーマをかけてもらいます。それも、いちいち記録に残っていくわけです。編集会議のやり方なども伺いました。

二十六日、スタジオに興味があったので、午前中に、もう一度見せてもらいに行って、カタログを貰いました。

二十七日は、ペアレンツのメダルを貰った日ですが、午前中、朝日新聞の方に、コンシュマーズ・ユニオンに連れて行ってもらいました。扇谷さんが先に「暮しの手帖」を届けてあったので、かえって「暮しの手帖」について、いろいろ質問を受けました。

テスト室は、日立か東芝の工場のようで、じつに、想像もできないような設備で検査していました。「暮しの手帖」が取り上げる商品とかなり違います。

発行部数八十五万部。技師は男ですが、総取締りは女の人。その人が、「暮しの手帖」がすばらしいとほめてくださっていました。

この日の夜、猪熊弦一郎さんの家で、「暮しの手帖」にも載せさせていただいたスタインベックさんに紹介されました。猪熊さんには非常にお世話になりました。まるで娘のように扱ってくださいました。

なによりもうれしかったことは、猪熊さんのお世話で、「ヴォーグ」のファッション撮影が見られたことです。

「ヴォーグ」のスタジオでは、とても便利な棒が使われていました。これがあると、ずいぶん撮影のとき助かる道具なのです。ポールキャットといって、移動柱とでもいいますか、伸縮自在で、どこにでも立てられ、相当の重さも支えられる直径五センチくらいのアルミの棒です。ライトもつけられるし、二本を立てて横棒を渡し、それにバックの紙や布がかけられるのです。

ロス郊外で作っているそうですから、ぜひ買って帰りたいのです。バックの紙は三メートル幅くらいの巻紙になっていて各色あります。一ドルが三六〇円ですから、ものすごく高いのですが、なんとか都合をつけて買います。

シカゴより

ニューヨーク後半の疲れでしょうか、シカゴまでの飛行機に酔って、胃が痛んで、中谷宇吉郎さんの親類の綾子さんに、さんざんお世話になりました。たまたま宇吉郎さんがシカゴにみえておられ、シカゴ大学に電話して、日本人のお医者さんを呼んでいただき、痛み止めの注射も打っていただきました。

結局、十日間ほど寝こみました。

中谷先生は、ボルチモアにいらっしゃるお嬢さんへの、日本からのおいしいお土産をお裾分けくださり、これから十月までグリーンランドの氷原に行かれるそうです。綾子さんは毎日、自宅で夕食を作り、ホテルまで運んでくれます。大変な手間ですが、もう世話のなりついでになっています。

「精神の疲れからきた胃潰瘍で、何も考えたらいけない」ということです。

国務省では寝込んだ二週間分を延ばして、ゆっくりするようにと言ってくれます。お見舞いの花や果物など、いろいろと心遣いをしてくれます。

そうすると、帰国するのが八月十二、三日ということになります。

デ・モイン市で「ベターホーム・アンド・ガーデン」という雑誌が発行されています。四百五十万部で、主に地方都市で読まれて、今アメリカで評判のいい雑誌で、ここにどうしても行ってみたいのです。

第一、私が病気になったという知らせがいったら、大きな果物箱をわざわざデ・モインからシカゴまで届けてくれて、とても待っていてくださったらしいのです。病気で、途中で帰ったと言われたくない気もします。


シカゴで病気をして以来、なにか、アメリカに対して、初めはなんでも珍しく、なにもかもステキに見えて、たしか、「ハウス・アンド・ガーデン」や「グッドハウスキーピング」に出てくるステキな家ばかりを見て、とてもすばらしいと書きましたが、あまりにも飾りすぎて、ステキだと思った家が、だんだんつまらなく見えてきて、かえって日本の民家のよさが、胸にこたえてくるのです。

台所をたくさん見ましたが、飾りすぎて、見てくれが多く、本当に生き生きとした台所がほとんどなく、私のうちの台所あたりが満点という気がしてきました。

こういう目でニューヨークを見直すと、今までいいと思ったことが、そうよくなくて、五番街がつまらなく、そうでないグリニッジ・ビレージという小さな街がよく見えたりします。来たときと考えが変わってしまいました。前半の収穫の意味がなくなった気がします。

それで、なんとか元気になって、デ・モインのベターホーム・アンド・ガーデンを調べてみる気になりました。この出版社が、今アメリカで一番発行部数が多く、小説は載せていないようです。それに、特集の別冊をたくさん出しています。

もし、うちが月刊にしなければ、この形式なんかが参考になるのではないかと思うのです。「台所特集」「サラダ特集」「建築特集」というように毎年出しているのです。

明六月二十八日はペアレンツの案内で、保育園と幼稚園を見学します。

日程のことですが、ロサンゼルスに回る日がなくて困っています。国務省でも、延ばす間は通訳をつけると言ってくれています。ですからデ・モインで五日か六日、サンフランシスコでも五日か六日、サンフランシスコからロスまで汽車で一日、そして、やっぱりここで五日か六日と思うと、帰国は八月末になってしまいます。

デ・モインより

デ・モインの町はちょうど札幌ぐらいの気候で、農業の中心地で、ニューヨークやワシントン、シカゴあたりと全然おもむきが違って、アメリカの田舎という感じがとてもします。
印象の第一は人々がとても親切で素朴なことです。農家に連れて行ってもらって、牛をなでたり、絞りたての牛乳を飲んだり、トラクターに乗せてもらったり、いろんなことをしました。四百エーカー、三百エーカーの土地を主人と息子二人で耕しています。全部機械です。男の人は赤く日に焼けて、農業専門に働いていますが、女の人は日焼け一つせず、都会の主婦と同じように暮らしているのは、少しどうかと思います。

しかし、どこの農家も、住居は都会とまったく変わらず、冷蔵庫はもちろん、最新のキャデラック二台というありさまです。

ただし、主婦は隠元豆のビン詰を作ったり、一年分のピクルスを作ったり、野菜をなんでも五分間ほど茹でて冷凍させたりしています。彼女の手を見ても、畑に出て働いている様子は見られません。かえって都会のアパートに住んでいる人より幸福そうでした。アイオワ州の農産物は、日本全体の農産物の量より多いそうです。

さて、この町の「ベターホーム・アンド・ガーデン」は、じつに大きな雑誌で、発行部数四百五十万。そのほかに「サクセスフル・ファーマー」(百五十一万)という農家向け雑誌と「クックブック」などの特集雑誌を出しています。

ベターホームは、印刷も自分のところで全部しているのです。多色輪転が十台くらい並んで、一階は大きな工場のようです。二階三階は編集と営業です。編集のほうはまあまあですが、営業の話をずいぶん聞きました。

前金予約の商法はいろいろ学ぶところがありました。ともかく前金切れの読者に前後六回勧誘の手紙を出す、その手紙も至れり尽くせりです。うちも、本屋さんにもっと積極的に働きかけて読者を勧誘する一方、前金予約者を新しく開拓し、新しい読者を見つける方針で行かないとダメだと思いました。「ベターホーム・アンド・ガーデン」は、今年百二十五万人が前金切れになって、新しく読者になった人、続けた人が二百四十万人だそうです。この間の調査、勧誘は、血の出るような努力をしています。この売り方のすごさで四百五十万売っているようです。

デ・モインの人口は十二、三万、ベターホームに働いているのは約二千人、町全体が「ベターホーム・アンド・ガーデン」を助けているような感じです。

サンフランシスコより

デ・モインがとても暑く、三十五度近くもあったのに、サンフランシスコがオーバーを着るほど寒く、とうとう風邪をひき、二日もぐずぐずしてしまいました。

話に聞いていた通り、とても美しい街です。スペイン風の建物が、今まで見たアメリカの街と全然ちがった感じです。

ここから自動車で一時間ほど行ったところに「サンセット」の編集室があります。一日行ってみました。一八九八年に西部鉄道の宣伝雑誌として創刊され、一九二九年に、売るための新しい雑誌となり、今のかたちとなったのです。発行部数は六十一万部です。

感心したことは、ほかの雑誌にくらべて、編集に力を入れていることでした。売っているところは西部地方です。だから日本のように南北に長いのです。それで、シアトルを中心にした北部版とサンフランシスコを中心にした中部版、ロスアンゼルスから南を南部版として、三つに分けて編集しているのです。

旅行のテーマも、シアトル付近から一日で行けるところ、サンフランシスコから一日で行けるところ、ロスから半日で行けるところというふうに。料理もシアトルとロスでは違えてあるのです。そして、外部からの記事は、全部書き直しているそうです。だから、シアトルとロスには常駐の編集部員がいて、そこで企画をそれぞれ足して、一月に一回か二回、サンフランシスコに集まって編集会議をするのだそうです。ただし売り方は全然うまくなくて、積極的ではありません。ベターホーム・アンド・ガーデンに比べたら、素人みたいなことをしています。

ディズニーランドは、みんな泊まりがけで行くそうですが、車で送ってくださる方がありますので、行って8ミリを撮ってきます。

ロスからハワイまでパンアメリカンで。ハワイで中一日おります。結局、八月二十八日、羽田に十一時に着きます。

旅を終えて得たたくさんのこと

アメリカ旅行で、教えられたこと、感じたこと、すぐに雑誌に活かせることが山ほどありましたが、なかでも強く思ったことは、

・女性が大事にされていること。メーシー百貨店の店員への対応もそうでしたが、ペアレンツ、ウーマンズを訪ねたとき、ますますそう思いました。

・グッドハウスキーピングの商品テストが、実際に着てみる、使ってみる、が中心で、「暮しの手帖」そっくりだったこと。

・アメリカの雑誌の売り方のものすごさ。ことにベターホーム・アンド・ガーデンの、本屋さんに行くくせのない人、本や雑誌を買う習慣のない人に、一度買ったら続けて買っても

らうための努力。あの積極性は「暮しの手帖」も見習わなければなりません。今の売り方は殿様の商法みたいです。

・別冊、特集にもっと力を入れること。

・アメリカの「ふきん」のサンプルがいろいろ買えたこと。これが「暮しの手帖」五十四号（昭和三十五年　一九六〇年）の、ふきんの特集、日東紡との共同研究につながりました。

・なによりものお土産は、撮影用のポールキャットとバック用の紙が買えたこと。このおかげで、撮影がスムーズに、しかも、きれいに撮れるようになりました。

八　「暮しの手帖」から生まれたもの

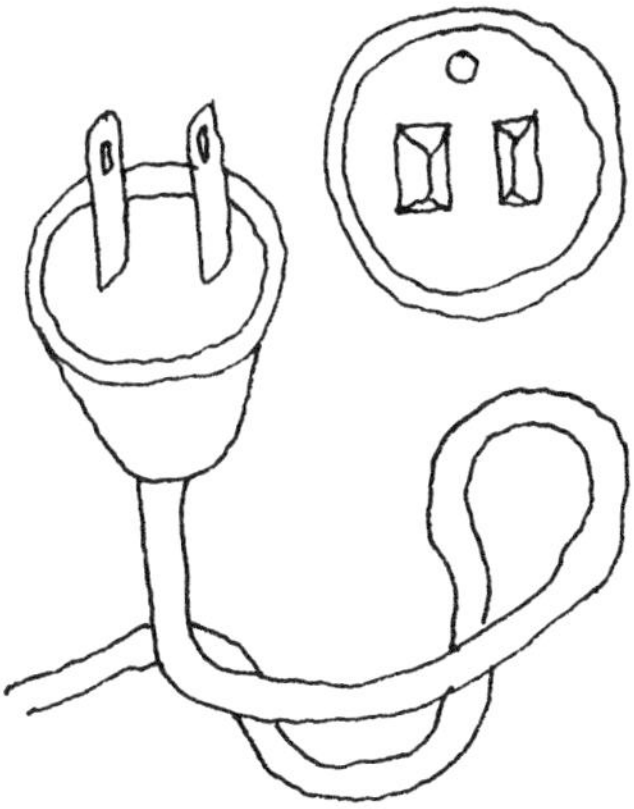

ロングセラーのふきんを作る

アメリカ旅行での大きな収穫の一つが、「ふきんの研究」でしょう。

たまたま花森さんとアメリカ行きの打ち合わせをしていたとき、席の後ろに、米屋さんがくれたふきんがかかっていました。手ぬぐいを半分に切って、大きく「ふきん」と書いてある、さらし木綿のふきんです。

あのころは、どこの家でも、そんなふきんで、お皿をふいたり、鍋をふいたり、ふかし釜にかけたり、いろんなふうに使っていました。しかも、おばあさんの代から、そのまたずっと前から、台所の空気のように、ふきんはあったのでした。

「そうだ、ふきんをまったく新しい目で見直してみよう、その手始めに、アメリカの家庭ではどんなふきんを使っているか見てこよう」ということになりました。

ただ、アメリカのふつうの家庭の台所を、そう簡単に覗けるものではありません。そこで、ニューヨーク、ボストン、シカゴ、フィラデルフィア、サンフランシスコなどのデパートで、よく売れているふきんを三枚ずつ買って、次々に日本へ送っておきました。

帰国して、生地を分析してみると、ほとんどが綿百%でなく、綿にレーヨンなりスフが混紡されています。実際に使ってみると、吸水性もよく、丈夫さも勝っています。といって、アメリカのふきんを毎日使うわけにはいきません。

そこで私たちは、日東紡の研究室に共同研究を申し入れました。「アメリカに負けないふきんを作りませんか」と相談を持ちかけたのです。

研究の分担などを打ち合わせ、アメリカから帰ったその冬から、日東紡は、まず混紡率と織り方の研究を始め、そして予備テスト用に六種の生地を織りました。この生地を私たちがいろんな角度からテストをし、本テストに入りました。

一方、私たちは、全国三二九の家庭から、ふきんについてのアンケートに答えていただきました。

どんなふきんを使っているか。大きさは、材質は、使い方は。

ざっと六割は、手ぬぐいを半分に切ったような例のさらし木綿でしたが、使い方は、じつに、いろんなふうに使われています。

まず〈ふく〉。茶碗や皿をふく、鍋釜をふく、まな板をふく、魚や野菜をふく……、そのほか、〈かぶせる〉〈つつむ〉〈敷く〉〈こす〉、などなど。

いろんなふうに使われているふきん。一体どんな〈ふきん〉がいいのでしょうか。

みんなで考えました。水をよく吸うこと、洗って丈夫なこと、しなやかなこと、ケバのつかないこと。それにもう一つ、いろんなふうに使うには、今までのさらしのふきんは、小さすぎるようです。

それを調べるために、市販のふきんやタオルを十六種テストしました。それらの資料をもとに、日東紡は混紡率と織り方の研究をさらに進めたのです。

このテストのために日東紡が織った生地は四十二種にもなりました。そして、丈夫さ、吸水率、使いやすさなど、いろんな角度からテストを重ね、二年がかりで作り上げたふきんは、昭和三十五年、日東紡と暮しの手帖社の共同研究作品として売り出され、今も売られている超ロングセラーとなっています。

ステンレスの流し台「シルバークイーン」

共同研究には、もう一つ大切な作品があります。昭和三十八年、「暮しの手帖」六十九号に発表した「シルバークイーン」という名のステンレスの流し台です。

私たちの暮らしに、なによりも大事な、それでいて、とかくなおざりにされてきた台所を考えようと、昭和二十九年から二十三回にわたって続けてきた「キッチンの研究」の最終回に発表したものです。このときに載せた、いわば「暮しの手帖」の台所宣言は、今も変わらぬ私たちの信念です。

台所は　暮しの工場です／台所は　暮しの心臓です
そこで　暮しをうごかす力が作られ／そこから　家中みんなにゆきわたり
そして　また　そこへかえってきます
このちいさな場所に日があたり／このちいさな場所に歌がひびき
このちいさな場所に微笑があるかぎり
暮しは　さわやかに回転してゆき／明るい明日が　明るい今日につづきます
ちいさいが　大切な心臓／ちいさいが　大切な工場
この暮しの工場に／能率のよい機械をすえ
つねに完全に整備し／最高の効率を発揮させる
すぐれた責任者／それが　あなたです
ここに　ささやかな研究があります
ささやかな研究ですが／あなたの仕事に役立つと信じて
この三年／情熱をかたむけつくし／力のすべてを注ぎこみました
読んでみてください

十年にわたる台所の研究で、流し台の材料として、もっとも欠点の少ないのはステンレスだ

「暮しの手帖」から
生まれたもの

と結論をいいました。既製品のステンレス流しも出てきました。しかし、なんといっても値段が高すぎました。オーダーで作れば、もっともっと高くなります。

二万円以下で、もっと使いやすい流しはできないか。「ふきん」に続いて「ステンレス流し」を取り上げたのは、そんなわけからです。共同研究に参加したのは、次の三社でした。

・日本冶金工業（ステンレス板）
・ナス・ステンレス製作所（加工）
・尾崎製作所（ガス器具）

三年がかりで何度も作り直し、改良を加え、作品第一号ができたのは試作品の五十九号目でした。値段も一万九千八百円、二万円以下に納まりました。共同研究のあいだ、三社への連絡、意見の調整、実際に使ってみる、けっこう苦労しました。だから、やり甲斐もありました。

平成十四年に、台所特集の別冊を出しました。そのとき調べましたら、四十年前の「シルバークイーン」をまだ使っているお宅が二十五軒もありました。懐かしく、とても嬉しかったことを思い出します。

スポック博士の育児書

昭和三十八年に発行した「暮しの手帖」七十号に「マーガレット王女」という翻訳記事が載っています。当時、英語に堪能な編集部員がいまして、外国の雑誌や本や新聞などを読んで、概略を説明したり、これぞと思うものを翻訳してくれたのでした。そのひとつがこれでした。マーガレット王女は、ご存じのように、エリザベス女王の妹です。

原稿を読んでみますと、こんな一文がありました。

（前略）マーガレットは、片や昔ながらの育児法、片や新しい近代的な育児法の両方に首をつっこんで、いろいろな本をよんだり、話をきいたりして、すっかりとまどっていた。夫といえば、比較的かまわないで育てられたものだから、こどもはのびのび育てるべきだというだけで、相談にのってくれない。

ある日、マーガレットはスポック博士の有名な育児書を読んだ。そして、すっかりうれしくなって、皇太后の住んでおられるクラレンス・ハウスへとんでいった。

「ねえ、お母さま、この本に書いてあることとったら、そっくり、お母さまと同じ育児法ですのよ」

「暮しの手帖」から生まれたもの

皇太后はなんと答えたかわからないが、想像はつく。皇太后は、二人の娘を、昔のスコットランドふうの育てかた、つまりいっぱい食べさせ、きれいな空気を吸わせ、愛情と良識でつつんで育ててきたのである。

「スコットランドの赤ちゃんは、世界中でいちばん元気で、かわいらしいんですよ」

いつか侍女にそう話されたということである。（後略）

これを読んだとき、私自身が、きれいな空気をいっぱい吸い、広い北海道の自然のなかで育った子どものころの思いと、重なったのかもしれません。

私は「スポック博士の育児法」という本が気になりました。

しかも世界各国で翻訳されて、すでに二千万部を売りつくし、〈育児の聖書〉と呼ばれて、驚異的な売れ行きを続けている本といいます。でも、日本では、なぜか、まだ翻訳されていません。

さっそく原書を取寄せて、花森さんに提案しました。花森さんも、ざっと見て、大賛成で、その年のうちに翻訳権を取りました。

花森さんは、この本について、八十七号（昭和四十一年　一九六六年）にこんなふうに書いています。

じつをいうと、この本には、はじめは大して乗り気ではなかった。要するに育児書じゃないか、という気だった。

目の前に置かれた原書の、やけに分厚いのにも、いささかうんざりしていた。（中略）ぱらぱらと開いているうちに、ひょっと、こういう箇所が目に入った。

……近所に気むずかしい人がいたら、その人にはあらかじめわけを話し、そういく晩もつづかないとおもうから、少しがまんしていただくように頼んでおくのもわるくはない……

なんのことかいな、とそのすぐまえを読むと、

……いく晩も泣かせて、他のこどもの邪魔になるとか、近所に迷惑だというのなら、床に厚いじゅうたんか毛布を敷くなり、窓に厚地のカーテンを吊すなりしてごらんなさい、表面のやわらかいものは、案外、音をよく吸収するものです。

と書いてある。赤ん坊の夜泣きのことだった。（中略）

それまでに読んだ十冊あまりの育児書にはこういう書き方をしたものは、一冊もなかった。

赤ちゃんはなぜ夜泣きをするのか、そのときどうしたらよいか、ということは、数行か

「暮しの手帖」から生まれたもの

ら数十行どれも書いてはあるが、この本みたいに、ほかの家族や、となり近所のことまで気にしている育児書はなかった。（後略）

翻訳権を取ってからが大変でした。

最高の監修者を、ということで、当時東京大学の小児科部長の高津忠夫教授にお願いをしました。監修といえば、名前だけと思ったりしますが、教授は、ほかの小児科と産婦人科の先生に協力を依頼され、こまかく目を通し、日本の実情と違うところは、〈監修者註〉という形で加筆訂正してくださいました。翻訳は「暮しの手帖」の編集部員と元社員が中心。それに、前にアメリカに行ったとき知り合ったアメリカ文化省の女性の人が手伝ってくれました。訳文は、書き直すこと十数回にもなりました。なるたけ正確に、わかりやすいものにしたかったのです。

結局、完成するまでに三年近くかかりました。発売は昭和四十一年十一月一日でした。

原著のタイトルは「The Common Sense Book of Baby and Child Care（赤ちゃんと子どもを育てるときの常識）」。私たちの杓子定規な育児の常識をギクッとさせるようなことばかりです。最初の章「自信を持ちなさい」にこう書いてあります。

いろんな育児法があります。しかし（中略）いらいらハラハラしながら、育児書どおり一生けんめいやるよりも、すこしくらいまちがっていたって、親の素直な気持ちで育てたほうが、ずっといいのです。

初版は五万部、版を重ねて百二十万部。今も売っています。

「戦争中の暮しの記録を募ります」

戦争が終って、やがて二十二年になります。戦争中の、あの暗く、苦しく、みじめであった私たちの明け暮れの思い出もしだいにうすれてゆこうとしています。

おなじ戦争中の記録にしても、特別な人、あるいは大きな事件などについては、くわしく正確なものが残されることでしょう。しかし、名もない一般の庶民が、あの戦争のあいだ、どんなふうに生きてきたか、その具体的な事実は、一見平凡なだけに、このままでは、おそらく散り散りに消えてしまって、何も残らないことになってしまいそうです。

暮しの手帖が、敢えてここにひろく戦争中の暮しの記録を募るのは、それを惜しむからに外なりません。ふたたび戦争をくり返さないためにも、あの暗くみじめな思いを、私たちにつづく世代に、二度とくり返させないためにも、いまこの記録を残しておくことは、こんどの戦争を生きてきたものの義務だとおもうからです。ふるってご応募下さるようおねがい申し上げます。

これは、「戦争中の暮しの記録」を募ったときの一文です。昭和四十二年七月五日発行の「暮しの手帖」九十号に、見開き二ページを使って載せました。

最初は、次の年の最初の号に発表する予定でしたが、とんでもありません。応募総数じつに一七三六篇。その多くは、生まれて初めて文をつづったと思われるものでした。あの戦争のあいだ、なにを食べ、なにを着て、どんなふうに生き、どんな思いで戦ってきたか……その行間ににじむ切々たるものに、どれを入選にするかどうか、悩みに悩みました。花森さんはじめ、私も、編集部の人たちも、全部の手記を読みました。そして百三十九人の手記を入選としました。

私は「暮しの手帖」一冊全体を「戦争中の暮しの記録」だけで作りましょう、と提案しました。臨時増刊、特別号、単行本などにするよりも、定期の「暮しの手帖」に載せたほうが、よりたくさんの人に手に取ってもらえ、読んでもらえる。しかも、雑誌もよく売れ、営業的にプラスにもなると思ったからです。

花森さんは「やろう」と決断。一冊全部を一つのテーマだけで作る、これは、「暮しの手帖」として創刊以来はじめてのことでした。

昭和四十三年八月一日、「暮しの手帖」九十六号「特集　戦争中の暮しの記録」を刊行。売れました。

そのころの「暮しの手帖」は、毎号八十万部は出していたのですが、この号は、ふだんの号よりもずっと早く売り切れたのです。店によっては、二日で売り切れたところもありました。そこで、じつは五十号以降は雑誌の増刷はやめていたのですが、この号は特別に十万部を増刷しました。それも、この年のうちに売れてしまいました。

この本だけは、「たとえぼろぼろになっても」読みつがれ、これから後に生まれてくる人のために残しておきたい、というのが、私たちの願いでしたが、だからこそ、もう少しましな造本にしてほしい、という希望が、読者からたくさん寄せられました。

そこで、翌四十四年、保存版として、単行本の形にして出したのです。これまでに十四刷、ざっと十五万一千部、今も売り続けています。

外国人のファッション特集

外国人のファッションの連載を始めたのは、第二世紀第一号（昭和四十四年　一九六九年）からです。百一号としないで、第二世紀第一号としたのは、まず私たちが初心に戻って新しい雑誌を作る気持ちになりたかったこと。雑誌も大きくし、紙もよくし、カラーのページを増やし、印刷もきれいにしました。

企画や表現の方法も見直しました。そのときの特別企画の一つが「外国人のファッション」でした。原則として、既製服であること、そして会社に着ていったり、ふだんの買物などに着ているもの、としました。

そのモデルさん探しが私の仕事でした。大使館とか知人の紹介もありましたが、多くは道ばたとかホテルのロビーなどで直接話しかけるのです。といっても私は英語ができませんから、編集部の一人に、英文でこんな内容のメモを作ってもらい、ハンドバッグに入れて、いつも持ち歩いていたんです。

私は英語が話せませんが、貴女の着ていらっしゃる服はとても素敵です。

私の雑誌に貴女の写真を載せさせていただきたいと思います。

「この人はきれいな外国人、お年も三十歳ぐらいで、おしゃれの方のようだ」と思ったら、名刺を出しながら、このメモを見せるのです。するとたいていの方は、「ワンダフル」と、喜んで承知してくださいました。

さっそくメモの裏に、住所と電話番号を書いていただき、私たちが伺う日と時間を約束します。その日が来ると、英語のできる女性編集部員とカメラマンを連れて出かけます。

原則として、私たちは、ふだんの手持ちの洋服を撮ることにしていましたから、洋服ダンスのなかから服を出して、ハンガーにかけて見せていただきます。そのなかから十数枚えらびます。そして家のなかでソファーに腰かけたり、エプロンをつけて台所でフライパンを使っている写真、銀座通りを買物袋を提げて歩いていただいたり、日比谷公園の花壇に立っていただいたり、帝国ホテルのロビーに座っていただいたりして、写真を撮らせていただきました。写真ができたら、お持ちして、ご自分の気に入ったポーズを選んでいただきました。

この仕事は、とても楽しい仕事でした。田園調布、成城、洗足、大森、鎌倉など、歩き回りました。

私の心の奥に、前にアメリカへ行ったとき、年配の方も若い方も、とてもすてきに、おもいおもいに好きな服を着ていらした。日本もこんなふうになるといいな、という思いがあり、花森さんに話した、それがきっかけでした。花森さんは、「そうだね、洋服は、やはり外国人に一日の長がある」と話されたことも、懐かしく思い出します。

このシリーズは、五十回以上、花森さんが亡くなったあとも続けました。

九　すてきなあなたに

ささやかだけれど大切なこと

「すてきなあなたに」も第二世紀第一号からスタートしました。

（前略）いままでに、いろいろな方にお目にかかりました。そして、教えていただいたことが、かずかずあります。いろんなところにも出かけました、そのとき知ったことも、たくさんあります。困ってしまって、なんとか自分で工夫したことも、ありました。失敗に失敗をかさねては、お友だちの智恵を借りて、なんとか切り抜けたこともありました。

結局、なんにもわからなかったわたくしが、今日まで歩いてこられたのは、こうして身につけたもののおかげでした。どんな小さなことでも、わたくしにとっては、とても大切なことだったのです。それを、こんなふうに書きとめておく、そのきっかけは、こんなことでした。

フランスにながくいらした方に、三時のお茶によばれたことがあります。白いテーブルクロースの上に運ばれてきたのは、白い紅茶茶碗、白いお皿、白いナプキンと、ほんとにみな白一色でした。ポットからそそがれる紅茶とコーヒー。白いお皿には輪切りのレモン、カン詰の黄桃が白い鉢に盛られました。それぞれがみんな白にはえて、それに窓から入る午後の陽ざしが、やわらかくあたっています。

そのとき、わたくしは、白の美しさを、はっきり知りました。それまでも白は美しいものとはおもっていましたが、本当には、わかっていなかったのでした。それからあと、その目でいろんなものを見ると、白は必ず、まわりの物の色を美しく引き立て、そして、その白も、まわりの色に引き立ててもらっていることに、気がつきました。そんな意味で、あのときの三時のお茶は、私にとっては、とても大切なひとときだった、といまでもおもっています。

そのことに気がついた、その日から、私は心にふかくしみこんでいった、いろいろのことを、そのときどきに思い出しては、すこしずつメモに書きとめることを、はじめました。

（後略）


これは昭和五十年「すてきなあなたに」が一冊の単行本になったときに、あとがきとして書いた文章です。

さりげない、ささやかな、ごくふつうの日々の暮らしの一こまを綴ったページを作るのはどうですか、と花森さんに話したのは、「戦争中の暮しの記録」を特集した直後でした。

花森さんは、「やってごらん」と賛成してくれました。編集部の人たちも賛成しました。

商品テストも大事だけれど、ほんのちょっとしたことでも、一言声をかけるだけでも、その場を和ませてくれる、ちょっとした心くばり、思いやり。お茶ひとつ、ケーキひとつでも、ひと手間かけるだけで、おいしく、ゆとりのある場になる。スカーフ一枚、ブローチひとつでも、ひと工夫しただけで、美しく、豊かな気持ちになれる……そんなことを伝えるページを作りたかったのです。

もちろん私ひとりでは、考えが片よる心配もあります。何人かの方にお手伝いをお願いいたしました。増田れい子さん、竹内希衣子さん、中里恒子さん、網野菊さん、宮脇愛子さん、伊藤愛子さん、酒井眞喜子さん、増井和子さん……その輪はどんどん広がり、多くの方々が、いろいろ話を聞かせてくださったり、メモや原稿をよせてくださって、助けてくださいました。

「すてきなあなたに」は、今も続いている超ロング連載の記事です。私が四十九歳のときから約四十年間、暮しの手帖二百四十冊あまりに書いてまいりました。単行本も五冊、発行部数は合わせて百三十三万になりました。

あなたがすてきだから、すてきなあなただから、
でなければつい見落してしまいそうな、ささやかな、
それでいて心にしみてくる、いくつかのことが

わかっていただける、そんな頁です

花森さんが単行本の宣伝にと、書いた文章が、私の思いをぴったりと表しています。

伊藤愛子さんのこと

第二世紀第一号、「すてきなあなたに」を始めたとき、トップの「ポットに一つ　あなたに一つ」を教えてくださったのは、私の友だち伊藤愛子さんという方です。

愛子さんは、若いころ、ずっとイギリスに暮らしておられて、朝日新聞のロンドン通信員ということで、BBCから短波放送でロンドンのニュースを日本向けに放送されていました。ポツダム宣言の内容を日本に放送したのも彼女でした。「ジャパン・クォータリー」の編集もされていました。

ある日、「三時のお茶にいらっしゃいませんか」と電話をいただき、喜んで伺いました。そのときいただいた紅茶、とてもおいしかったのです。私は、その紅茶のいれ方が知りたくて、「こんなにおいしい紅茶はどうやっていれるのでしょうか」と、伺いました。

愛子さんは、「イギリスでは三人分の紅茶をいれるとき、葉っぱの量は、飲む人の分が一人茶さじに一杯で三杯、そしてポットの分として茶さじに一杯、あわせて四杯、四人分なら五杯……。〈ポットに一つ、あなたに一つ〉といういれ方で、誰でも、おいしい紅茶がいただけるのよ」と教えてくださったのでした。

伊藤愛子さんとは、「すてきなあなたに」を始めるずっと前から、昭和三十年ごろからの、私の大切なお友だちでした。原稿をお願いしたこともあります。

ある日、お寄りしたところ、しきりに咳をなさる、それが強い咳で、まるでほえるようなのです。私は父を結核で亡くしていますから、これはただ事ではないと感じました。

当時、「暮しの手帖」の医学記事でお世話になっていた慶應義塾大学病院の笹本浩先生のところに、なかば強引にお連れして診ていただくと、肺に悪性腫瘍が見つかりました。先生は「告知するかしないか、これはご本人にとっても、ご家族、まわりの人にとっても大変なことです。大橋さんがきちんとリードできるなら、ご本人には告知しないで治療しましょう。そのほうがいい」

とおっしゃいます。伊藤さんは私にとって大切な友人です。

「病気のことは言いません。どうかお願いいたします」

それから十年、伊藤さんは生きられました。ヨーロッパに行かれたこともありました。私はたびたびお見舞いに伺いました。が、病気のことは知らん顔をし続けました。何回目かのヨーロッパ旅行から帰られたすぐ後だったと思います。容体が悪くなって、築地のがんセンターへ転院されても、寄り添いながらとぼけ続けました。ご本人は気づいていたと思います。そして最後には、

「大橋さん、あなたに会うときだけが幸せでした。だって、あなたは病気のことを一度も話さなかったでしょう」

とおっしゃったのです。告知せず、希望を捨てずにいたことが延命につながったように思います。

昭和五十一年十一月一日、伊藤愛子さんは亡くなられました。

亡くなられて、しばらくしたある日、思いがけないことが起こりました。伊藤さんの弁護士が見えて、六本木の家を私に譲りたいという伊藤愛子さんの遺言が伝えられたのでした。

その後いろんなことがありましたが、結局、暮しの手帖別館として使わせていただきました。たとえば、座談会、地方から見えた読者の会、レコードを聴く会、ピアノコンサート、俳句の会、キルト展、布花展、糸絵刺繍展、ドールハウス展、墨絵展、何人もの原画展などなど。花森安治の表紙原画展も、ここで初めてやりました。

その別館も、今はマンションとなって、ありません。

三十九年後の感想

平成二十年十月、別冊「暮しの手帖」として「すてきなあなたに　特別篇」を出しました。その出版にあたり、読者の方の感想文を募集したところ、何十通も届きました。その一部を紹介させていただきます。

・別冊「すてきなあなたに」おしゃれ篇春夏号が、思いがけず目に飛び込んできたのは、堺東の書店だった。夫の入院先に、電車を三つも乗り継いで、週二日通っていた。この本の題名が忘れられない響きを持っていたのは、誕生日のプレゼントとして、昔、夫から贈られていたからです。装丁、内容、小文でまとめられた構成とも、なんてすてきでおしゃれで、と心の中で感嘆し、夫の意識の高さにも感激した。

あれから何年か経った今、また、この本に出会うことが出来たのは、やはり、夫のおかげなのか。自分の現在の心の状況を安らかにしてもらえることを信じて、買い求めた。一つずつのエッセーが、今の自分の心情を、違うところに連れて行ってくれた。（後略）（尼崎市・西口　里江）

・この本は、いやなことがあって落ち込んだとき、心配で気が晴れないとき、そして、ボーッとしているときに手に取る本です。どこから読んでもいい、どこで本を閉じてもいい、そんな読み方を許してくれる本です。本を閉じたときは、いつも穏やかな気持ちになったものです。

仙台の母は89歳で、大の本好きです。「暮しの手帖」が出るたびに届くようにしていますが、何年か前の誕生日に、この本（単行本1〜3巻）を贈りました。一年に一回帰省する私に、毎回のように「あなたにもらったこの本ね、少しずつ読んでいるの」と言います。母のうれしさがよくわかります。母の喜びは私の喜びです。ところで私の手元には、買ったはずの本（1〜3巻）が一冊もありません。四十年近く購買している暮しの手帖と一緒においていたのに。

数年前、道北で教師をしている長男のところに、引越し準備を手伝いに行ってびっくりしました。「すてきなあなたに」はもちろん、何冊かの暮しの手帖が本棚に並んでいたのです。

長男は帰省すると、必ず暮しの手帖を読みふけっています。小さい頃から身近にあった本だから、なつかしいのでしょう。私と、記事について、あれこれ、〝大人の会話〟もするようになり、私としてはとてもうれしく思います。いつの間にか札幌から稚内に移動し

すてきなあなたに

ていたのですね。

5巻まで出版されていたとは……、早速、母と自分用に購入しなければ。お正月に帰省する長男のためにも。（札幌市・柏谷　美智子）

「すてきなあなたに」が、四十数年にわたって、「暮しの手帖」に毎号連載してこられたのは、ひとえに、お読みいただきました読者の皆さまのおかげでございます。毎号、感想をくださったり、ヒントをくださったり、わざわざ会社に訪ねてくださったり……本当にありがとうございました。心よりお礼申し上げます。

花森安治の死

昭和五十三年一月十四日の真夜中、電話でたたき起こされました。花森さんの妻、ももよさんからの「花森が死にました」という電話でした。近くに住む編集部員に主治医の阿部先生を連れて来るよう話し、私は、妹の芳子と南麻布の花森家にかけつけました。

花森さんは水色のパジャマで、ソファーに横たえられていました。

心筋梗塞でした。臨終は深夜、午前一時過ぎ。

都内に住む社員に、手分けをして電話をかけ続けました。少し離れたところにいる人たちには、夜明けを待って連絡を取りました。

長女の藍生《あおい》さんの家族は、そのころ高槻にいらっしゃいました。

五十二年十一月二十九日から、花森さんは風邪気味で体の調子がよくないと、都心の山王病院に入院していました。私はほとんど毎日、編集の打ち合わせとか仕事の進み具合とか、いろいろなことで病院に寄りました。一人のこともありました。担当者といっしょのこともありました。

花森さんは、クリスマスと正月は自宅で過ごしたいと、いったん退院しました。

じつは、五十三年一月二十五日発行の、二世紀五十二号の表紙がまだ未完成で、本文トップの、花森さんが書くはずの「人間の手について」の原稿もまだ仕上がっていなかったのです。花森さんはそのあいだに、表紙と原稿を仕上げようとしていたのです。花森さんが出社したときは、私も出社しました。編集部の何人かも出社しました。原稿は、さすがにテープふきこみの口述筆記でした。

表紙ができ、原稿ができ、レイアウトができ、見出し、カットも終わり、出稿、責了にしたのは、一月十二日の夕方でした。この一週間は、ただ忙しく、あわただしい毎日でした。

翌日、花森さんから電話がありました。

「今日は一日休むよ」

その昼過ぎ、編集部員の一人が呼ばれ、「暖かくなったら、部屋の壁紙を貼りかえたいから手伝ってほしい」と頼まれたそうです。花森さんにとっても〈その死〉は不意打ちだったのだろうと思います。

その夕方、私と創業以来の社員・中野家子と二人で、なじみの銀座のすし屋のばらずしを届けました。あがらずに玄関で帰ろうとしたとき、パジャマ姿の花森さんが出てきて、「ありがとう」と言い、ドアをしめる二人に、めずらしく手を振りました。その数時間後に花森さんは亡くなったのでした。


(前略) 一号から百号まで、どの号も、ぼく自身も取材し、写真をとり、原稿を書き、レイアウトをやり、カットを画き、校正をしてきたこと、それが編集者としてのぼくの、なによりの生き甲斐であり、よろこびであり、誇りである、ということです。

雑誌作りというのは、どんなに大量生産時代で、情報産業時代で、コンピューター時代であろうと、所詮は〈手作り〉である、それ以外に作りようがないということ、ぼくはそうおもっています。

だから、編集者は、もっとも正しい意味で〈職人《アルチザン》〉的な才能を要求される、そうもおもっています。

ぼくは、死ぬ瞬間まで〈編集者〉でありたい、とねがっています。その瞬間まで、取材し写真をとり原稿を書き校正のペンで指を赤く汚している、現役の編集者でありたいのです。

（後略）


花森さんが一世紀百号に書いたあとがきです。それから八年、その文章そのままに、最後の日まで赤ペンを持って、仕事を続けたのでした。


社葬は、一月二十三日、東麻布の暮しの手帖社のスタジオで行われました。祭壇は、いつも研究室で使われている組み立て式の机、それに撮影用の白い布をかけて、すべて部員の手作りです。

会場には、花森さんの好きだった「グリーンスリーブス」を流しました。

写真は、いつも花森さんが着ていた白いジャンパーのを選びました。男性の編集部員も全員が白いジャンパーを着ました。

その日は、とても寒い日で、玄関わきに、テストのときに使っていたテントを張り、参列のお客さまに熱い甘酒をふるまいました。

たくさんの弔問の方々が来てくださいました。幸田文さん、石井好子さん、池田潔さん、沢村貞子さんなどの執筆者、料理、家の修理、設計、工作などでお世話になった方、印刷や取次、出版社、本屋さん、そして読者の方……記帳された方だけでも九百人ほどになります。

しかも、お悔やみの手紙、電報をくださった読者の方は二千人を超えました。てんやわんやの一日でしたが、なぜか疲れを感じませんでした。

しばらくして田宮虎彦さんから手紙が届きました。田宮さんは、花森さんが生まれ育った神戸の、小学校の同級生。ともに東大に進み、大学新聞編集部で再会した、心を許しあった友人どうしでした。

花森君があれだけのことができたのは、もちろん花森君が立派だったからにはちがいありませんが、やはりあなたの協力があったからこそだと思います。こんなことを私が言うのは筋違いであり、おかしなことかも知れませんが、花森君が力いっぱい生きることが出来、あのようにすばらしい業績を残したことについての、あなたのお力に対し、あつく御礼を申上げます。

あなたも暮しの手帖も、これからあと大変だと思いますが、あなたは充分これからあとを立派にやって行かれるお力をお持ちです。いっそう元気にお過ごし下さいますよう祈っております。花森君がなくなってもう一カ月以上すぎてしまいました。私にとっても、とても悲しいことです。

二月十八日　田宮虎彦

花森安治は生きている

年末十二月二十八日のことでした。花森さんが「ぼくが死んだときの号のあとがきに、ぼくの遺言を書いて欲しい」というのです。初めは冗談だと思っていたのですが、そんな雰囲気ではないのです。あわててメモをとりました。それを二世紀五十三号に書きました。再録させていただきます。

「……読者のみなさま、本当にながいこと、暮しの手帖をお愛読下さいまして、ありがとうございます。昭和二十三年創刊したときは一万部でした、あれから三十年、部数が九十万になりました。これは、みなさまが一冊、一冊、買ってくださったからこそです。

広告がないので、ほんとに一冊一冊買っていただかなかったら、とても今日までつづけてこられませんでした。そして私の理想の雑誌もつくれなかったと思います。力いっぱい雑誌を作らせていただき、ほんとうに有難うございました」

ひと息ついて、さらに続けました。

「それにあまえて、お願いがあります。いままで暮しの手帖をよんだことのないひと、一人に、あなたが暮しの手帖を紹介して下さって、一人だけ、新しい読者をふやしていただきたい。これがぼくの最後のお願いです……」

花森さんが亡くなったあと、悲しかったこと、うれしかったこと、いろんなことがありましたが、それはそれとして、私の元には、花森さんの意志をつぎ、叱られ、鍛えられた五十人あまりの編集部員がおりました。お互いに支えあい、なんとかお役に立つかいい雑誌を作ってゆきたいと、それだけを思って「暮しの手帖」を続けてまいりました。

私は今八十九歳です。ここまで一気に私の子ども時代、暮しの手帖を始めて花森さんが亡くなるまでのことを振り返って書いてきましたが、やはり、これ以上の話を書き続けることに少し疲れを感じます。少しお休みをして、できれば花森さん亡きあとの私のことも書きたいと思っています。聞いていただきたいお話がけっこうあります。それではまた近いうちにお会いしたく存じます。

ありがとうございました。

今日も鎮子さんは出社です

横山泰子

年明け早々に友だちがアルジェリアに赴任しました。彼はずっと安定した会社に勤めていたのに、五十歳を過ぎて急にまったく未知の業種に転職しました。案の定うまくいかなくて、一年と経たずに第二の職場を辞めました。次のところも思うようなわけにはいかず、得意のフランス語を生かして海外に職を得たのです。旅立つ前に一度会おうと言っていたのに、なんのかんので結局会えませんでした。そのときふと頭をよぎったのは、他の話でしたが、以前鎮子さんに「物事は、これって思ったときにパッとやらなきゃダメよ、私なら今日会いに行くわ」と言われたことです。

今年三月十日に九十歳となった大橋鎮子は、家でも会社でも昔からずっと「しずこさん」と呼ばれています。九十歳となった今でも、毎日のように出社。頭の一番先にあるのは「何かいい企画はないかしら」「何か売れる企画はないの」ということのようです。今でも、週末にデパートや銀座に出かけると、人だかりのしているところには必ず近づき、「何をやっているんですか」「あなた、何がおもしろいの」と尋ね回る、自称『タネさがし』に励んでいます。

鎮子さんは三姉妹の長女で、私にとっては姑の姉にあたります。

この姉妹は生まれてからずっと、もう八十年以上も一緒に暮らしています。鎮子さんたちの母が健在のときはもちろん母と共に、妹が結婚したらその家族と一緒に、同じ地にほぼ八十年暮らしてきました。

父を亡くした十歳で喪主となってから、「私がしっかりしなくては」という、家族を自分が守るのだという気持ちの強さが、今日までの原動力なのだと思います。

だからこそ「人が大事」「人に親切に」ということが身上です。何か困っている人の相談にのって世話をするのが大好きです。とくに女の人の相談には身をかたむけてのります。具合の悪そうな人にはお医者さんを紹介するだけでなく付き添ったり、銀座の画廊や催事をウロウロめぐって、これぞと思った作り手を応援したり。

その他人への肩入れのしかたといったら、普通の人では怖くてできないレベルなのです。ちょっと仲良くなったら、家に連れて来て、おいしいものをご馳走して、家に泊めて、自慢のお風呂に入らせて、鎮子さんにとっては、ほとんど身内になってしまいます。

それで上手くいっているときはまあいいのですけれど、こじれると大変です。たいていの人は、「何で他人のあなたにそこまで踏み込まれなきゃいけないの」と思って怒りますが、鎮子さんにとっては、すでに他人事ではなく、自分事になっているのです。余計なお世話をしたのではなく、身内のごとく親身になっただけなのです。ですから場合によっては、「他人のあなたにそこまでしていただけるなんて」と一生を通じて深く深く感謝されることもあります。

「私はね、おせっかいなのよ」と自分でも言っています。

「大阪に出張した帰りの新幹線のなかでのことだけど、今日は富士山見えるかな、って左手の窓を見たら、ちょうど夕日に真っ赤に染まった富士山が見えたのよ。とてもきれいだったのに誰も窓の外を見ていないの。もったいないでしょ。思わず私立ち上がって大きな声で、皆さん、赤富士です。めったに見られない赤富士ですよ、って言ったのよ。そしたら眠っていた人も本を読んでいた人もいっせいに窓の外を眺めていたわ。それで東京駅で新幹線を降りるとき、私にありがとうっておっしゃる方や握手をもとめて来る方もいらしたわ」

変な気取りのない鎮子さんだからこそできることです。世間一般でいう偉い人と話すときも、タクシーの運転手さんや近所の人と話すときもまったく同じに、丁寧だけどちょっと親しげな調子で「あなたねえ」と話しかけています。りくつ、つまり頭で考えた事ではなくて、自分で見つけたことや自分の手足を使って確かめた、いいこと、すばらしいことを伝えたい気持ちでいっぱいなのでしょう。思い立ったらとにかくやってみようの精神だから、かっこ悪いなんて思いもしません。万事やりもしないで、できないということはありえないのです。

男性にも誰にも頼ろうという発想の全くない鎮子さんは、初対面のお土産にチョコレートと料理の本を持って、のちに家族になる私の目の前に突然現れた最初の出会いからずっと〝ハンサムウーマン〟のお手本。

今日も会社の階段を上がってきて、「何か面白いことないの」と顔をのぞかせるのです。

（よこやまやすこ／暮しの手帖社代表取締役社長）

付録「暮しの手帖」から

「暮しの手帖」編集後記・担当した記事からの抜粋

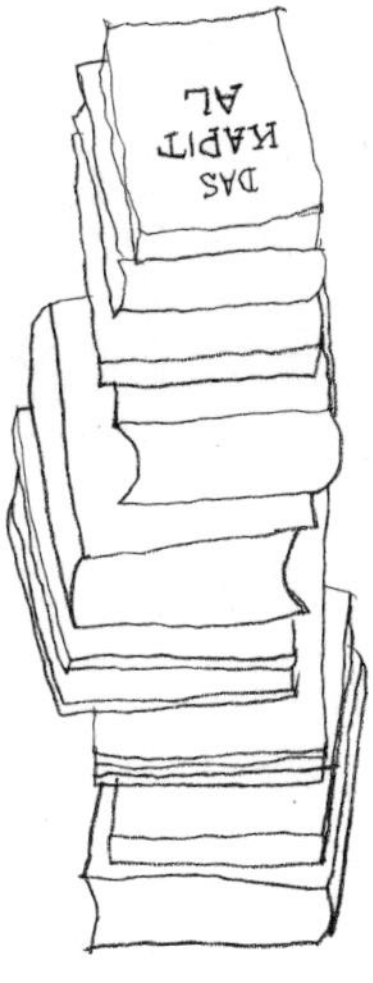

編集者の手帖

5号　昭和24年

あとがき

やつと、ここまで來ました。初めて、この雑誌を出してから、やつと一年たちました。雑誌のいのちから言つて、一年は短いものでしようけれど、私たちには、苦しい長い一年でございました。

いまどき、そんな雑誌を出せば、三號も經たぬ中に、つぶれてしまうと言われました。眞面目すぎて賣れないだろうとも言われました。止めた方がいいとみなさんが言つて下さるのを、振り切るようにして、第一號を出し、第二號を出しました。親兄弟の反對を押し切つて結婚する、そんな氣持と申しましようか。ただ一すぢに、私たちの心の中の、強いものを信じる思いでございました。

第一號は赤字でした。第二號も赤字でした。今だから申せるのですが、そのために昨年の暮は、正直に申して生れて初めて、私たち、お餅をつくことも出來ませんでした。どうぞ、つぶれないで下さい、というお手紙を、あんなに毎日いただくのでなかつたら、どんなに私たちが意地を張つても、やはり第三號は出せなかつたことでしよう。

それが、何とかここまで來ることが出來たのです。ここまで來て、やつと少し先がひらけて來たような氣がするのです。

お礼を申上げねばなりません。この雑誌を讀んで下さる方のおかげでございます。書いて下さる諸先生のおかげ、賣つてくださる本屋さんのおかげ、印刷所の方のおかげでございます。こころから、お礼を申し上げます。

これから、もつと大變だろうということもわかります。しかし、ここまで來て、この必死の仕事を、やはりわかつて下さる方があるということ、正直者だつて馬鹿を見るとは限らない、ということ、この強い自信を、しつかりもつことが出來たということは、何としても、うれしいことでございます。恐らくもうこれからさき、どんなことがあろうと、これまでよりもつと、私たちは、たじろぐこともひるむこともないでしよう。

どうぞ、この雑誌について、內容のこと、体裁のこと、定價のこと、頁數のこと、何でも結構でございます。なるべく具体的に、おきかせ下さいませ。お手紙の一字一句、拝見するたびに、体のうちにしみとおつてゆく思いでおります。

どんなに私たちが、朝から夜中まで、夢にまで見ても考え及ばないことを、原稿にして送つて下さいます。それこそ一人ずつ違うといつてもいいほど、この世の數多い暮しのなかで、その一つの暮しを、しつかり見つめていらつしやる眼に、私たちは打たれてしまうのです。

毎日の明け暮れは、決して夜空に花火を上げるような、いつとき花花しく、はかなく消えてゆくものではなく、あるかなきかに見えて、消えることのない、つつましいけれど、分秒の狂いなく燃えてゆくものとすれば、そのつつましさの中から生まれる原稿を、ありがたく、とうといものに思います。どうぞ。お待ちしております。

この次、第六號は少し早く、十一月の半ばには出したいと思います。では又 (S)

編集者の手帖

45号　昭和33年

女の雑誌・男の雑誌

この二、三年、だいぶすくなくなってきましたが、それでも、いまだに、ときどきこんな意味のお手紙をいただきます。「こういう雑誌を男の私が読むのは、ちょっと恥しいが……」といったことばではじまるお手紙です。

「こういう雑誌」というのは、たぶん女の読む雑誌ということでしょう。そして、女の読む雑誌、とお考えになるのは、暮しのことを取り上げているからなのでしょう。

暮しのことといえば、女の領分、というのがこれまでの私たちの考え方でした。そういう意味からいえば、この雑誌も「女の雑誌」ということになるかもしれません。

しかし、私たちは、いま、暮しのことを、女だけの領分とは考えていません。男も、子供も老人も、みんな、とにかく毎日暮しているのですから、その暮しを、すこしでもよくしてゆこうというには、男も、子供も、老人も、女のひとと一しょに考え、一しょにやってゆかなければ、なかなかうまくゆかないものだ、とおもっています。

だから、この雑誌を作る私たちの方からいえば、女のひとにも、男のひとにも、一しょに読んでいただくつもりで作っています。

たとえば、この号の「赤ちゃんの食事」にしましても、赤ちゃんを育てる、というのは、ちょっと考えると、お母さんだけの仕事みたいですが、ほんとうは、お父さんや家族の方の力ぞえがないと、お母さんだけでは、とてもむつかしい筈です。だから、この記事にしても、じつは、お父さんやご家族の方にも読んでいただくつもりで、編集いたしました。

これは、一つの例にすぎませんが、ちょっとみると女の領分みたいなものでも、じつは家中で読んでいただくつもりで、写真をとり記事を作っているつもりでございます。

その意味で、この雑誌を買って行かれる方の比率が、女6男4くらいから、最近は女5男5

と移って来たということは、やはり私たちとしては、うれしいことだとおもいますし、買って行かれるのは女の方でも男の方でも、とにかくお子さんもお年よりも、家中で読んでくださっているご様子で、それだけに、どんなに苦労が多くても、それだけの甲斐のあるものを作らなければ、と張り切っております。

では又。（S）

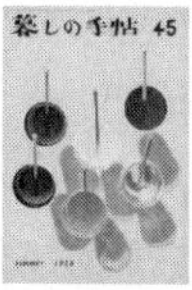

編集者の手帖　66号　昭和37年

フライパンのテストに使った野菜

私たちの研究室の近所に、八百信という八百屋さんがあります。

料理の写真にのっている野菜は、たいていこの八百屋さんで買ったものですが、そのほかにも、私たちは、ビタミン補給のために、自分たちで夏みかんを一個買ったり、トマトを二つ買ってきたりします。

それで、私たちが買いにゆくと、店の人は、「写真かい、食べるのか」と、いつのまにか、そう聞くくせがついてしまいました。

「写真よ」というと、ようしというので、きゅうりならきゅうりを、店中でいちばん新しくて、形も色もいいのを、一本よりにえらんでくれるのです。

こないだも、そうしてえらんでくれたなすをポンとたたきながら、お前は日本一果報ななすだ、写真にとられて雑誌にのせてもらうんだからな、と主人は冗談をいうのです。

三十前後の兄弟と、若い人が三人いる、明るい元気なお店です。兄さんが主人ですが、本人は、うちは主人なんかいないよ、みんなおんなじでやっているんだ、なあ。と奥さんをみて笑うのです。小さい子が二人います。

フライパンのテストをしたときでした。

とにかく、じっさいに、焼いたりいためたりして、使ってみなければなりません。それも一回や二回ではダメで、私たちの計画では、一枚のフライパンごとに、すくなくとも百回は使ってみようというのです。

いためるのは、野菜をおもにすることにして、じゃがいも、キャベツそれに青い菜っぱを使うことにしました。計算してみると、じゃがいもだけでも何俵という量です。

それを八百信に注文にゆくと、へえ、写真にしたって、そんなにたくさんどうするんだいと聞きます。

わけを説明して、じゃがいもはいいけど、キャベツや菜っぱは、そんなわけで、毎日きまった量がほしいんだけど、というと、それはいいが大した金額になるなあ、としばらく考えているようでした。じゃたのむわね、というと、いためるだけだろたべないんだね、と念を押します。

　それから毎朝きまって、たのんだだけの量がとどきます。ときには、すこし黄色くなった葉もまじってはいましたが、大して気にしませんでした。

　一月近く、来る日も来る日も、朝から夜まで、のべつまくなしに、ジャアジャアといためたり焼いたりです。私たちのとくべつ大きな料理室には、特大の換気扇が二つもついていますが、とても及びません。正直にいって、らくなテストではありませんでした。

　やっとテストが終って、八百信にお金を払いにゆきました。すると、じゃがいものねだんだけでいい、とがんばるのです。そんな筋合いのものじゃない、とこちらもがんばるとじゃキャベツのうち二十個分だけもらおう、といいます。

　もとがタダのものを、ゼニを取るわけにはいかないよ、と主人がいうのです。

　よくきいてみると、毎朝中央市場へ行ったとき、売りものにならない大根の葉とか、荷いたみしたキャベツなどが、そこいらにちらばっているのに気がついたそうです。

　その中から、わりと程度のいいものを毎朝ひろい集めてはとどけてくれたというのです。

　しかし、そうこっちの都合のいいだけは落ちちゃいないからね、足りない分は、商売ものをまわしたけれどな、それがキャベツ二十個分さ、そういって笑いました。

　テストの苦労が、これをきいたトタンに、一どにふっとんでしまいました。

　おかげで、あれから、市場へ行っても、地べたばかりキョロキョロするくせがついて困ったよ。いいフライパンがあったら教えてくれよな。——つい二、三日前、ほかの買いもので行ったら、そういっていました。

　私たちのテストの最後の結果が出たら、さっそく、成績のよかったフライパンを買って、八百信にあげようとおもっています。（S）

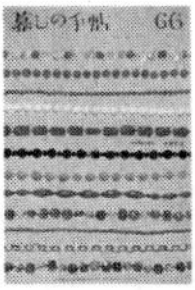

編集者の手帖

67号　昭和37年

石油ストーブのテストについて

この仕事をつづけていると、いろんなことがあります。

たいていは、つらいこと、いやなことばかりですが、ありがたいことに、ああ苦労した甲斐があったなぁ、と心からしみじみとおもえるような、そんなうれしいことも、やはり、いくつかあります。

仕事冥利だとおもいます。

こんどの石油ストーブのテストがそうでした。

近頃こんなにうれしかったことはありません。（中略）

二年まえ、やはり私たちは、石油ストーブをテストしました。57号でした。

おぼえていて下さる方も、あるかもしれません。

テストの結果は、ひどいものでした。イギリスのブルーフレームにくらべると、まるでお話にもなんにもならないものでした。

そのときのテストで、私たちがいちばん苦労したのは、じつは結果の表現だったのです。つとめて、やわらかい言いまわしをするのに、さんざん頭をなやましました。

一酸化炭素の出るストーブを作っているメーカーには、私たちのしきたりを破って、雑誌の出るまえに、そのことを知らせました。

そのメーカー立ち会いの上で、もう一どテストをくり返したのです。売っている東京都内の百貨店にも、そのことをお知らせしました。

しかし、どんなにしてみても、わるいものはわるいのです。事実をまげることはできません。

雑誌が出ました。

そのあと、メーカー側のとった態度については、ここでは書きたくありません。非難、罵倒、中傷の集中攻撃がつづきました。

こんど、二ど目の石油ストーブのテストをしました。

このテストで、私たちがいちばん知りたかったのは、どこのどういう銘柄のストーブがいいかということもさりながら、この二年のあいだに国産のストーブが、果して、どれだけよくなったか、ということだったのです。

もしも、二年前ど大して変りがなかったら、私たちがあんなにいやなおもいをがまんしてやったことが、なんにもならなかったことになります。

私たちはものずきに商品テストをやっているのではありません。メーカーにいやがらせをするためにやっているのでもありません。

よい商品を作ってもらいたいからです。

石油ストーブでいうなら、外国品にまけない品を、日本人の手で作ってもらいたいからです。

私たちは、いまやっているテストを、〈商品の批評〉だとおもっています。批評のないところに、進歩はないからです。

この仕事には、さまざまのことがつきまといます。いろんな形のおどかしもあります。金銭や物品での誘惑もあります。

それをかくごの上で、がまんしてやっています。

それだけに、石油ストーブにしても、もしもこの二年に、すこしも進歩していなかったら、私たちは、いったい、なにをしてきたのか、ということになってしまうのです。

自分たちだけで、ひとりで力んで息せき切っていただけの、とんだ茶番だったことになるのです。

テストの結果は、ごらんの通りです。

まだ外国品と完全に肩を並べるわけにはいきませんが、とにかく二年前とくらべると、格段によくなっているといえるでしょう。

もし、二年前に、私たちがあのテストをしていなかったら、こんなによくはなっていなかったかもしれないし、第一こんなに沢山の新しいメーカーもできていなかったかもしれない……。

思い上った言い方、といわれることを承知の上で、私たちは、このことを書いておきたいのです。

私たちのやっているこの仕事、苦労の多い、しかしちいさな仕事が、決してムダではなかった、そうおもわずにいられないからです。うれしい、というのは、このことなのです。

また明日から、新しいテストと取りくみます。（S）

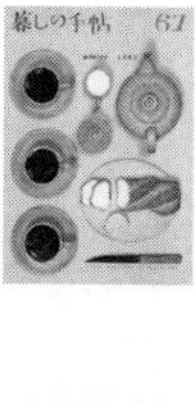

編集者の手帖

70号　昭和38年

小島信平さんの仕事について

「おそうざい十二ヵ月」をのせはじめてから、もう八年になります。

第一回は、三十一年はじめの33号でした。それから回をかさねて、この号で三十七回目です。そのあいだに、のせた料理は百六十六種るいになりました。

暮しの手帖の新しい号がでると、はしから順々に、料理を作ってゆくというお家がよくあります。写真をみておいしそうなものから作る、という方もあります。

どこへ行っても、たいていその話が出ます。いただくお手紙でも、それをおっしゃって下さいます。

料理の記事は、じっさいに毎日のおかずに作っていただきたいとおもって、写真もとり文章も書いています。じっさいに作られて、家中でよろこんでいただいていると知ると、ほんとに、雑誌を作ることのありがたさ、うれしさをしみじみとおもいます。

「おそうざい十二ヵ月」をやって下さっている小島信平さんは、大阪の有名な「生野《いくの》」という料理屋さんのご主人です。

「生野」は、風格のある懐石料理を出す家です。小島さんは、その道ですぐれた感覚と技術をもっているいわば達人です。

こういうと、意外におもわれる方があるかもしれません。暮しの手帖にのっている「おそうざい」と、なにかちがいすぎるからです。

正直にいって、九年まえ、はじめてこの仕事をやってもらいたいと切り出したとき、小島さんは、

「おばんざいでっか」

と、こちらの顔をみたものです。大阪では、おそうざいのことを、おばんざいといいます。お客料理がいい料理、おそうざい料理は下等な料理、とおもっている人は、いまでもいっぱいいます。小島さんが、びっくりしたのも、むりはありません。

小島さんは、こちらのいうことをだまってきいていました。さすがにカンのいい人です。最

後に、すぱっと、こう答えてくれたのです。

「やらしてもらいまっさ。お客料理はたまのこっちゃ、おばんざいは毎晩たべてはる。それを、ちっとでもおいしゅうたべてもらうようにしてもらう、大事な仕事でんな」

小島さんたちが、材料を仕入れる市場は、いわゆるクロオト専門で、私たちが毎日買い物にゆく市場とは全然ちがいます。

小島さんは、私たちのゆく市場をしりませんでした。この仕事をひきうけて、まずはじめたことは、そういう市場へ出かけていって、売っているものや、それを買う人の顔をみて歩くことでした。

大阪と東京とでは、またちがうので、東京のそういう市場も、いくつもみて歩きました。めったに東京にこない人が、たまにきて、芝居をみるでなし、どこへ行くでなし、朝から晩まで、市場がよいでした。

「大阪の市場をはじめてみたときえらいもん食べてはる、とびっくりしたけど、東京はも一つ上や。ほんまに、えらいもんたべてはるなあ」

小島さんの目からみたら、ひどいものでも、私たちは、それを毎日たべているのです。

「あれをおいしくたべるにはどうしたらええか、むつかしい仕事やけど、やらんなりまへんな。庖丁をもつもんとして、どんなことをしてもやらんならん仕事です」

小島さんと、つぎはどんな料理をするか、これは電話で何回も打ち合せます。電話はいつも夜の八時半からあとです。（その時間になると、電話代が安くなるからです）（中略）

まる一日、ときに二日がかりで、やっと写真をとり終えると、小島さんも私たちも、くたくたです。

そして東京へかえると、こんどは私たちで作ってみます。わからないことや味で疑問の点が出てきます。それをまた電話で聞きなおし、また作りなおし、やっとでき上ります。

来年には、この「おそうざい十二ヵ月」を一冊にまとめるつもりでいます。では又。（S）

編集者の手帖

74号　昭和39年

商品テストにいくらかかるか

すこしまえ、若い読者から、テストに使う商品は、もらうのか買うのか、というご質問があって、私たちとしては、もらった商品をテストしたのでは、公正な判断がしにくくなる心配があるから、あたりまえのことながら、全部買っています、というお返事を、この欄に書いたことがあります。

そのあと、全部買うのならたいへんだろう、やってゆけるのか、いくらぐらいかかるのだろう、と心配してくださるお手紙を、たくさんいただきました。

まず、一つの商品テストに、いくらぐらいかかるか。この号の〈電気ミシン〉を例に上げてみます。

計算してみると、ざっと二百六十万円あまりかかっていることになります。内訳は、上表（註：原文まま）のとおりです。

このうち、ミシン購入費のなかには、テストした34台のほかに、参考として買った英国製ミシン1台分がふくまれています。

電気ミシンのテスト費

ミシン購入費	1,012,500円
布地代	266,631円
糸代	83,034円
協力グループ謝礼	928,600円
外部委託試験料	202,400円
雑費	137,744円
合計	2,630,909円

協力グループ謝礼というのは、おもに、ランニング・テストのために、まいにち一定の時間、一定の条件のもとに、じっさいに布を1万メートルずつ縫いました、それには、とても私たちの手だけでは足りませんので、暮しの手帖協力グループのなかから、毎日研究室へ通える人で、私たちの条件にあった人をおねがいしてやっていただきました、その方たちに、一日いくらときめて差し上げたぶんです。

その人数は、一日単位で計算しますと、延千三百六十六名になっています。

ついでに申しますと、この1万メートルぬうランニング・テストは、実際の日数にして百五十四日、全部の延べ時間にする

と四千四百八十二時間かかっています。（中略）

このなかで、ひとつ見ていただきたいのは、テストしたミシンの代金よりも、ランニング・テストにかかったお金のほうが、ずっと多いという点です。

ミシン代がざっと百万円なのに、ランニング・テストのほうは百四十万円かかっています。

この〈電気ミシン〉のテストは、私たちの商品テストとしては、お金のかかったほうですが、もっと安くついたテストでも、この〈じっさいに使ってみる〉テストのほうが、商品を買うお金より、よけいかかっているのがふつうです。

ひとつの商品のよしあしをきめるのには、その商品を、じっさいに使ってみなければならない、これが私たちの、いつもまもっている一つのルールです。

そんなこと、あたりまえじゃないか、とおっしゃるでしょう。私たちも、あたりまえだとおもっています。

それなのに、事あたらしく、それをいうのは、いまの世の中のメーカーが、そのあたりまえのことをほとんどやっていないからです。

この〈電気ミシン〉でも、縫い試験に集まってもらったメーカーのひとたちが、私たちが1万メートルぬった布をみて、まず異口同音にいったことは、へえ、じっさいに手で縫ったんですか、ということでした。

きいてみると、どのメーカーも、じっさいに針に糸を通して、こんなふうには縫ったことはないらしいのです。

ふつうは、電気を入れて、ただガチャガチャと動かすだけ、針に糸を通して布を縫うとしても、ごく短かい距離を縫うだけらしいのです。

こんどは、私たちが、ポカンと口をあける番でした。

あるメーカーの幹部は、われわれも、ほんとはこれぐらいのことはしなければいかんのでしょうがねえ、それがどうも……というのです。

いったい、メーカーは、じぶんたちの作ったものを、どんなふうに考えているのでしょうか。

おそろしくなりました。（S）

編集者の手帖

77号　昭和39年

ありがとうございました

この世の中に、らくな仕事など、あろうはずはありません。まして商品をテストするとなれば、これは苦労はつきものですが、この号に発表した〈男子靴のテスト〉については、これまでとちがった苦労がありました。

テストの期間が、一年以上とながかったことも、決してらくだったとは申しませんが、しかし、長期間のテストは、これまでいくどもやっていますし、それだけでは、べつにとりたてていうこともありません。

この〈男子靴〉をテストしようとして、まずぶつかったのは、いったい、どんなふうにテストしたらいいか、ということでした。

考えれば考えるほど、この〈靴〉というのは、ふしぎなものです。とにかくやたらに動きまわる道具です。それもキカイ仕かけで動くのでなく、人間が足につけて動かすのです。

靴をはいた足を観察すると、すぐわかることですが、じつに千変万化の動きをしています。

靴をテストする以上は、これとおなじような働きを靴にさせなければなりませんが、足に似た千変万化の動き方をするキカイを作ることは、これは無理な話で、たぶんそんなキカイはどこにもないでしょう。

それではテストの方法がないかというと、一つだけあります。

人間が、じっさいに、はいてテストすることです。いわば人間が、そのテストキカイになることです。

口でいうのはやさしいが、じっさいは、たいへんなことです。一日や二日ならともかく、一年もそれ以上も、文字通り毎日まいにち、一定のルールにしたがってはきつづけ、しかも毎日その結果を観察して記録するということは、なみたいていのことではありません。

こんどのテストでは、三五名のかたにおねがいしましたが、しかも、そのうちのたった一人でも、なにか事故があれば、はく順序を一日まちがえた、靴ずみをつける日が一日早かった、ということでも、ぜんぶのテストがダメになってしまいます。

　それが九ヵ月目であろうと、十ヵ月目におころうと、またはじめからやり直しです。


　私たちが、必死になったのは、あたりまえのことです。仕事です。

　はいていただいた方たちは、しかし、それは仕事でもなんでもありません。それを、暮しの手帖の仕事なら、なんでも手つだうよ、といって下さって、私たちがおねがいした、とてもこまかくうるさいルールをまもって、みごとに全員そろって、この一年の来る日も来る日も、立派にはき通して下さったのです。

　ある人は、茶色の服が好きでしたが、テストした靴が黒だったため、とうとう一年間、茶を着ないでがまんして下さいました。

　ある人は、途中で大阪へ転任になり、そちらではきつづけていただきましたが、靴に異常がおこると、送ってもし失くなってはと、わざわざ休暇をとって、じぶんの手に持って上京して下さいました。

　ある人は、やはりなくしては、と立派な料理屋に上るときも、じぶんの靴をわざわざ座敷まで持って上って下さいました。

　ある人は、はく順番をまちがえないように玄関にはり出して、毎日かならずその日はく銘柄を、奥さんと二人で、大声で確認して下さいました。

　書けば、きりはありません。みなさんが、そうだったのです。

　ことに、奥さんがたいへんでした。毎晩こまかい調査表に、その日歩いた距離、お天気、道の具合から、靴の異常のあるなし、それから、めんどうな手入れまで、ほんとうに口ではいえないご苦労をかけました。

　おかげで、あまり例のないテストを、立派にやりとげることができたのです。

　それなのに、私たちは、ろくなお礼もできないでいます。

　ありがとうございました。なんどもありがとうございました
（S）

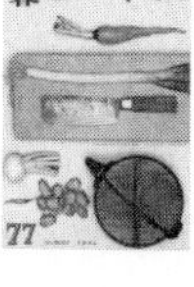

編集者の手帖　99号　昭和44年

新しい夜明けのために

第九九号を、おとどけします。

早春というか、浅春というか、そんなあるかなしかの気配が、このすっかり汚ならしくなってしまった東京の一隅にも、ふと感じられることがあります。

なまあったかい日があったり、急に底冷えのする日がつづいたり、気候のほうは、このごろ、がたがたに狂ってしまったようですが、それでもこうして、ふと春のかすかな気配を感じると、やはり時間だけは一秒一秒と正確に刻んでいる、という感じがしてきます。

汚ならしくなってしまった東京でせめていっときの美しさをみせてくれるのは、夜明けでしょう。

まだ日が上らないまえ、町全体はくらく沈んでいます。そのくらさはしかし、数時間まえの真夜中の暗さとは、どこかちがっているのです。（中略）

それまで、町全体の底から、うねるようにずっときこえていた無数のつぶやきのようなものが、ぴたっととまってしまいます。動いている映画の一コマが、そのまま止ってしまったのです。この頃でいうと、四時ごろでしょうか。

そして、にごったセピア色の夜の色が、かすかに、だんだんはっきりと、オリーブ色の夜の色にうつってゆきます。

気がつくと、町の中の建物や高速道路が、藍いろの、プルシャンブルーの影絵になって泛（註：うか）びはじめているのです。

ほんの何分かという短かい時間、その青い風景が、紫色ににじんでゆきます。そして、その紫色が、しだいに澄んでいきます。どんな服地のいろにも、どんな絵具のいろにも、ない色です。おもわず息をのむような、しっとりとさわやかな夜明けの色です。

その紫色に、かすかに濃淡が生まれ、それがゆっくりと濃いグレーに移っていくころ、空のいっぽうが明るくなって、とまっていたフィルムが、また動きはじめます。

高速道路の向うに長距離輸送のトラックのヘッドライトが乱れはじめ、空がオレンジ色の縞に切れはじめて、その縞のふちが、朱色に、真紅になっていって、町の高い建物に、金色が点火され、つぎつぎに、どの建物も、きん色にかがやきはじめるのです。

ここまで書いてきて、ふと、どうして、こんなことを書いてしまったのだろうと、それが気になってきました。

いま、私たちは、こうして九九号を作り上げて、つぎの百号の仕事に入っています。こうして、東京の町の夜明けを書きながら、ひょっとして、心のどこかで、もう一つの夜明けのことを、ずっと考えつづけていたのかもしれません。

百号だからといって、べつにどうということはないだろう、とじつはおもっていました。いまでも、その考えにかわりはありませんが、それはそれとして、こうして九十九冊の暮しの手帖を作り上げ、やがてつぎは百冊になるとおもうと、それが実感として、いまずしりとした重さになっているような気がします。

百冊ということで、私たちはこのごろ、暮しの手帖の第一世紀、という言葉を使いはじめています。

もうすぐその百号を作り上げると、暮しの手帖は、第二世紀に入ります。

第二世紀の第一号。

それは暮しの手帖の、新しい夜明けです。このごろ、ずっと考えつづけているのは、その夜明けのことです。

どんなふうにしたらよいか、これまで読んで下さった方から、教えていただきたいのです。

ああいうものは、もう止めたほうがよい、こういうものをのせたらいい、そういった内容のことから、印刷や紙のこと、製本のこと、どんな小さなことでもいいから、教えてください。

それと、ねだんのことも。

私たちはもっとねだんの高いものを作りたい気がしています。物価が上るからということもあるかもしれませんが、もっと内容をよくし、もっと紙や印刷をよくしたくてなりません。

新しい夜明けが美しいように。それが、いまの私たちの心からのねがいです。

では、又。（S）

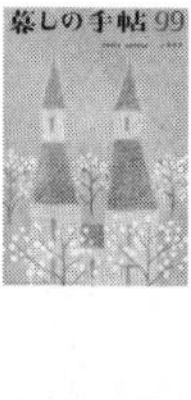

編集者の手帖

2世紀1号
昭和44年

新しい第一号というと、やはり、しらずしらずのうちに気が張っているとみえて、この暮しの手帖を二十年以上も作ってきたものが、この号の編集では、ついオロオロと右往左往する、それがうれしいようでもあり、笑止でもある、といった有様なのです。

それにしても、新しいということは、ほんとにいいことだと、しみじみ思いました。

紙も新しい、活字も新しい、そんな感じです。この号が、百一号でなくて、新しく一号だということ、ほんとによかったとおもいます。

じつをいうと、このまえの百号を作るとき、なにかお祝いをしたいという誘惑に、ついのせられそうになったのです。

お祝いなど、しなくてよかったとおもいます。(中略)

けっきょく、研究室の机の上を片づけてテーブルクロスをかけ、いささかの花を飾り、いささかの手料理をならべて、みんなで一夕をすごすことにしました。

もっともこの程度のパーティはときどき開きます。

なにか名目をさがしては、ちょっとしたご馳走をたべ、歌ったり踊ったりして、たのしもうというわけです。

この晩も、たいへんたのしうございました。そして、たいへんうれしかったのです。

いったい、私たちのこの種のパーティには、なにかしら企らみというか、趣向があるのです。まして、この夜は、いささかにもせよ、百号を出せたから、という名目ですから、きっとなにかあるだろう、とおもってはいました。

すると、頃合いをみて、一同起立ということになりました。暮しの手帖をはじめから作ってきた七人に、若い人から、花束の贈呈です。

もらって、わるい気はしませんが暮しの手帖としては、すこしチンプだなという気がしました。

ところが、その後があるのです。こんどは、紺ビロードの小箱が贈られました。一見指輪の入ってそうな箱ですが、まさかそんな筈はないでしょう。

　開いてみて、アッとおもいました。初号活字の〈暮〉という字を、金色に塗って、紐で首からかけるようになっています。とたんに〈木ねじ勲章〉をおもいだしました。

　これには、ちょっと説明がいりましょう。

　アルゼンチンの画家キンケラの騎士団に冗談半分で授与されるのが、木ねじに紐をつけた勲章です。これですこしオツムでも締めたら、というところからきたものでしょう。（くわしくは80号のブエノスアイレス案内をみて下さい）

　たぶん、この〈活字勲章〉は、それにヒントを得たのでしょう。ちょっと目頭が熱くなりました。てのひらにのせると、この一本の活字に、二十年の重みが、ずしりとこたえるようなおもいだったのです。（中略）

　当分、何号かは、いろんな試みがつづけられるとおもいます。

　しかし、見た目の感じは、できるだけいつも新鮮でありたいとはおもいますが、その底に流れているものは、どんなことがあっても終始貫きとおすつもりでいます。

　どんなことがあっても、筆を曲げないこと、よいことはよいといい、わるいことはわるいということ、そのためにも、やはり広告はとらないし、ヒモつきにはならないということなのです。

　原稿を送っていただきたいとおもいます。

　文章でも、写真でも、絵でもけっこうです。

　内容は、いわゆる「暮しの手帖向き」というのもけっこうですが、どう考えても、この雑誌向きではないというのでもけっこうです。

　だんだんとさわがしく、もののいいにくい世の中になりそうです。ゼヒ発言したい、ということがあれば、遠慮なく原稿を書いて下さい。値うちのある発言には、いつでも誌面を提供するつもりでいます。

　この号について、ご感想をおきかせ下さいませんか。

　では、また。お元気で（S）

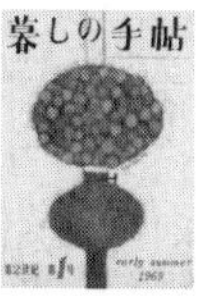

編集者の手帖

2世紀36号
昭和50年

うれしい雨、困った雨、そしてトマト

その日は朝から雨が降っていました。編集室に入ると、

「よかった、よかった、雨で」

「よかったわね、きっと神さまのおぼしめしよ」

レインコートのテスト班にとっては、何日も待った雨降りでした。雨の中を着てあるくテストが雨の日が少なくて、なかなか思うようにはかどらず、毎日、雨降りを待っていたのでした。

ところが、もう一つのテーブルをかこんでいたグループが、「雨で困ったわね、テスト布を乾かすのに、どうするの」

「誰か、このあいだしまったストーブ、もう一度出してね」

このグループは、センタク機のテストをしていて、そのテストで洗った大量の布をかわかすのに、晴天でも、てんてこまいをしているところです。それが雨なのです。

大げさな言い方をすると、編集室はその一瞬、明暗二つにわかれた感じでした。


パリの増井から、ナポリのスパゲティの取材の、写真と原稿がとどけられたのが去年の十一月でした。

その原稿の中に十二種のスパゲティ料理の作り方がありました。その通りに作ってみました。いちばんの心配はソースの土台になるトマトのことです。

なんとか、おいしくはできましたが、なにしろ材料のトマトが、日本のとちがうこと、チーズもちがうので、ナポリのと同じような味に出来ているのか、どうか、わからず、心配でした。

それでもやっと、東京でイタリーのトマトのカン詰をみつけ、これで作ってみました。少しうま味が全体に出ました。最後に〈バジリコ〉を青みに散らす、とあるバジリコは、探してみると、乾燥してビン詰になったものしかありません。

パリに問い合わせると、「青じそにそっくり」ということで、青じそをこまかくきざんで、かけてみました。青じその風味がトマトの味ととてもあいました。

しかし、この味でいいかしら、とあまり私たちが心配するので、とうとう編集長が、「増井君を呼びなさい、取材した人にたべてもらう他はないではないか。増井君もしばらく帰ってないし」

パリから三月二十日すぎ、帰ってもらって、いっしょに作って、たべてもらい、手直しもあって、これならナポリの味にできている、ということで、やっと「ナポリの裏長屋のスパゲティ」がこの号にのることになりました。

それだけのことをして、増井は四月十九日パリに帰りました。

「ある日本人の暮し」の取材班は四月初旬、神戸から山内船長のフェリー〈ながと〉に乗りこみました。

「出航前の写真撮影の打ち合せでは〈夜のブリッジ（船橋）に立つ船長〉を撮って、トップを飾ろうと張り切っていたのです。ところが、出航と同時にブリッジの灯りは消され真っ暗になってしまいました。

夜の航海では、暗い海上を見つめていなくてはなりません。目を暗闇にならすため、ブリッジの灯りは点けないのだそうです。あいにく天候も悪く、月や星の光もない、真っ暗なブリッジに、レーダーとか、計器だけが青白く浮き上って見えるだけでした。

私たちに同情した甲板手さんが、数十秒間だけ、非常用の豆電球をつけてくれたので、やっと何枚か写真を撮ることが出来ました。船の人たちはさり気ないふうでいて、とても親切でした」

と土産話をしてくれました。

魚焼きアミのテストは、どのアミが、魚がよく焼けるかをくらべるのですから、朝から、お魚を焼きつづけています。

お魚がつぎつぎ焼けるので、はじめのうちこそ、研究室の人、編集室の人の昼食、夕食をよろこばせましたが、何週間もつづくと、だんだんみんなの箸のはこびもにぶってきます。

だんだん焼き冷ましした魚がたまって、そこで、なんとか目先きをかえてはと思い、いわしとあじの骨をとって、一つ一つていねいにむしってすり鉢でつぶして、でんぶにしてみました。

味はお酒と、少し、しょう油を入れました。これが大成功でした。さっぱりしながらも、しっかり味のついたでんぶは、白い炊きたてのご飯にのせると、お魚のいいにおいがして、とても、とてもおいしく、焼き魚の利用法を一つ発見できて、よろこんでいます。

ながらくおまたせしていました、〈スポック博士の性教育〉が出来上って、この月のはじめに、本屋さんに出ています。

　スポック博士の深い愛情で書かれたこの本は、若い人の暮しに、なんのかげりも起きないようにと心をこめて書かれています。

　日本の家庭では、性について家族同志が話し合うことはほとんどありませんが、しかし、大切なことなのです。ティーンエイジャーのおられるご家庭では、この一冊が、きっとお役に立つことと思っています。

　なにかの機会に、ご両親が読まれて、子供さんに渡される、それだけのことでも、心が通じあうのではないでしょうか。私たちは、そう思って、この本を作りました。

　ではまた（S）

編集者の手帖

2世紀37号
昭和50年

〈二龍山〉—あるろんしゃん—について

今回は、この号の巻末に特集した深田信さんの手記について、すこし書きます。

この手記は、記事にも書きましたように、深田信四郎・深田信著〈二龍山〉から深田信さんの書かれたぶんを、全文転載したものです。

深田信さんは、信四郎さんの奥さんです。どちらも名前におなじ信という字がつくのも、珍らしいことですが、信四郎さんが生まれたのは、明治四十二年の十月六日、そして、二月おくれた十二月の、やはり六日に、信さんが生まれています。

はたからみると、なにか夫婦の一つの縁というものをおもってしまいます。

こんどの戦争がなければ、信さんがあんな苦労をすることもなく、それがもとでなくなることもないわけですから、たぶん、おふたりともうんと長生きして、ひょっとして、おなじ日に、おだやかに目をとじられるのではないか、ついそんなふうにもおもいたくなるのです。

戦争は、むごいことをする、つくづく身にしみてそれをおもいます。

信さんは、昭和八年の暮れに、信四郎さんと結婚しています。信四郎さんは、小学校の先生でした。

昭和十六年の春、信四郎さんは満州国通化省柳河の国民学校の先生になり、信さんも、八月にこどもといっしょに満州へわたりました。

その年の暮れに、大東亜戦争がはじまったのです。

あくる年、信四郎さんが、この手記にある二竜山の国民学校の校長になり、一家もそちらへ移りました。

〈二龍山〉という本は、昭和四十五年に、信四郎さんが自費出版したのです。

B6判の三二四頁で、一冊の本としては、厚くもなく、うすくもなくといった、ちょうど手頃な大きさです。

表紙は、赤の木炭紙に、活字で二龍山（あるろんしゃん）、深田信四郎・深田信著、柏崎日報社刊とだけ刷ってあります。

じつをいうと、私たちは、この本の全部を、暮しの手帖に、そのままのせたいとおもいました。

それくらい、この一冊の本は、私たちをたたきのめしたのです。

こんどの戦争の末期、東京にいて、焼夷弾の火の海をおよいだ者も、私たちの仲間に何人かいます。

この本をまわし読みしたその者たちが、深いため息をついて、これにくらべたら、自分たちのあの苦労はものの数でなかった、とさえ言うのでした。

この本は、九十五頁にわたる信さんの手記をまん中にして、はじめの七十八頁と、終りの百十一頁を信四郎さんの手記で構成されています。

この号にのせた信さんの手記は、

せおう子どもを、なくした女達の背中は、空家のようにさむざむして、みえました。

というところで終っています。

それにつづいて、信四郎さんの文章は、つぎのようにはじまっています。

(離ればなれになっていた夫婦が、長春の難民収容所でやっと再会するくだりです)

十月二十九日、せんたく物をかかえて来る女と南溟寮の廊下でぱったり出あった。

「あッ、妻だッ」と思った。

――が――次の瞬間、

「これが妻だろうか」とうたがった。

ざんばらの油っ気のない髪には、虱《しらみ》の卵が白くしがみついていたし、がさがさしてぶす黒い顔には、へっこんだ目が濁っていた。この女の哀れは、もんぺの脇口から見える素肌の腿《もも》であった。十月末の長春の地表は、かちかちに凍りついているのに、この女は羞恥をかくす最低のもの――　一枚の腰までしかない単衣《ひとえ》の上着と、つぎはぎした一枚のもんぺしか、つけていない。もんぺの脇口から素肌の腿が、紫色にあわだって震えているのであった。……

これを書いているときの、信四郎さんの胸の内を、私たちはたまらない気持で、おもい計るのです。

信さんは、やっとのおもいで内地へ帰ったあと、療養所でまた十年も苦労したはてに、なくなってしまうのですが、さきの文章のあと、信四郎さんはこんなふうにつづけます。

……善良な一人の女を、ここまで追いつめたものに対する憤りに、胸がはりさけそうになった。……

この世の中では、いつでも、ひどい目に合うのは、名もなく、一生けんめいに生きてきた庶民だ、といわれます。そのいい例が戦争だ、といわれます。

この〈二龍山〉は、そのことを、具体的に、はっきりと、痛烈に訴えているのです。

お読みになっておわかりのように、信さんは、一言も絶叫していません。一行もわめいたり訴えたりしてはいないのです。よくこれだけ抑えられたとおどろくぐらい、気持を抑えてむしろ淡々と書かれています。

淡々と書かれているだけに、私たちの心に突きささってくるのです。

また八月十五日がやってきます。

それは何の日ときく子が、ふえてきます。

しかし、それをおもしろがってはいられない、とおもうのです。

戦争の後始末は終ったのでしょうか。いいえ。

深田信さんの痛切な声がきこえるのです。（S）

編集者の手帖

2世紀65号
昭和55年

ナスと歯ブラシと愛の手紙

　トップの「ナス日記」は、植えてから毎朝、照っても降っても、まず屋上にかけ上り、ナスの様子をみることから一日がはじまりました。

　前夜、雨風がひどかった日は風がまともにふき抜ける屋上のことですから、倒れていないか、鉢が転がっていないか、心配しながら見に行くのですが、一度もそんなことはなくて、さすがにナスは強い作りやすいものだと、あらためて知りました。

　この日課がつづくうちにわかったことは、鉢植えのナスは、水のやり方が命だということです。七月もなかばをすぎると、本当に暑い毎日です。夜は熱帯の夜のようです。

　翌朝、屋上へ上ってみると、ナスは暑さにたえかねたのでしょう、あんなにみずみずしかった葉が、弱って悲しいくらいにしおれて、はじめはもうダメかと思いました。

　ところが水をやって四、五分もたつと、みるみるうちにピンとして、もとの元気な姿に立ち直ります。

　そこで一番困ったことは、日曜日です。一日、水をやらなかったら、どうなるかわかりません。係三人は朝と夕方とに分けて水をやりにきました。水をかけると、うれしそうに元気になってくれるので、日曜出勤も苦になりませんでした。

　ご家族の多いお家でも、三本も植えられれば、とりたてのナスがおいしく、ひと夏召し上れるのではないでしょうか。

　「ハブラシで入歯になるのを防ぐ法」これは昨年の六月下旬からとりかかっていた歯みがきの実験をまとめた特集です。

　編集部の人の中から、軽い歯槽膿漏にかかっていた7人がえらばれ、先生の指導で、ほんとうの歯のみがき方を練習してつづけました。

　もちろん、その人たちは、それまでも毎朝歯をみがいていましたが、その時間は正直なところ1分もかけていませんでした。それが急に10倍以上も時間がかかることになったのです。

とくに寝坊の人など、朝は気がせいて、とても時間がもったいないと思ったようです。その上、歯ぐきからは血が出るし、しみます。

一生懸命にみがいたつもりでも、テストをしてみると、たくさんみがき残りがありました。でも、そのうち、血が出なくなり、はれがひいたりしてきました。そういう事実を、ひとつひとつ、文字通り体験していったのです。

いままで歯磨きをつけてサーッとこすって、さっぱりした気になっていた、これまでのみがき方は、みがいたとは言えないものでした。

実験を終った7人の実感です。

朝永振一郎先生のお原稿をいただきたくて、それこそ何十回も押しかけて、さぞご迷惑なことだったと思います。そんななかでのある日、暮しの手帖で電子レンジをテストしたすぐあとのことでした。

「こんどの電子レンジのテストはよくやりましたね、電子レンジは摩擦熱だから、あれは煮炊きにはむかないものです。だから、アメリカあたりではウォーマーといって、あたためるものとして売っているのに、日本の電気メーカーは、煮炊きできると言って売っているのはおかしいので、こんど暮しの手帖のテストで〈煮炊きにむかない〉ということがはっきりしてよかったですね、いいお仕事でした」

と、朝永先生に、このテストを評価していただいて、うれしかったことがありました。

それから、やっと六回分のお原稿をいただき、評判がよく、もっとつづけさせていただきたいとお願いしたのですが、奥さまが、

「朝永は、あの原稿に十日も二十日もかかりました。朝、起きぬけに床の中で書いていると思うと、それを消ゴムで消してまた書き、ちょっと書いて、また夜中に書いて、とても気の毒。もう勘弁してあげて」とおっしゃいます。

そんなとき、先生がポツリとおっしゃったのが、奥さまの手紙だったのです。この手紙には先生はよほど愛着を感じていらっしゃったようで先生がご自身から〈愛の手紙〉と言っておられたくらいでした。

いまおもえば、このときすでに先生はご病気にかかっておられたのでした。このお手紙を、今回のせさせていただきました。

掃除機のテストはゴミがなければ出来ません。それも人工で作ったゴミでは正しい結果は得られないのでじっさいに、家庭で毎日出るゴミを集めてきて使います。

こんどのテストでは、東京の高島平団地を中心に、全部で３１７軒のお宅を一軒一軒たずねて、ゴミをいただきました。

見ず知らずのものが、突然やってきて「掃除機のゴミを下さい」というのですから、まず、どこでもびっくりされました。しかし、事情をお話すると、大部分のお宅が、快くおきき下さって、掃除機を貸して下さいました。貸して下さった掃除機を一個所に集め、ゴミをていねいに出して、それをいただきました。

ご協力いただいて、ほんとうに有難うございました。

むずかしい事がつぎつぎ起っています。しかし、毎日の暮しを、きちんとすごしてゆくことがいま一番大切なことだと思い、少しでもそのお役にたてたら、と編集部一同、そんな気持で、作っています。

ではまた（S）

編集後記「編集者の手帖」は、毎号花森さんと相談しながら作りました。そのなかからいくつか選んでご紹介しました。私が担当した記事の抜粋とともに、お読みいただけたら幸いに思います。

誰にでも必ず出来る

ホットケーキ

巴里コロンバン銀座支店
門倉國彦

焼き立てのホツトケーキにバターをのせ、蜜かシロツプをかけてたべるたのしさ。朝ごはんや昼飯の代りに、手軽に出来て、みんなによろこばれるホツトケーキ。それを銀座一流の喫茶店と同じように、上手にやくコツをご紹介してみました。

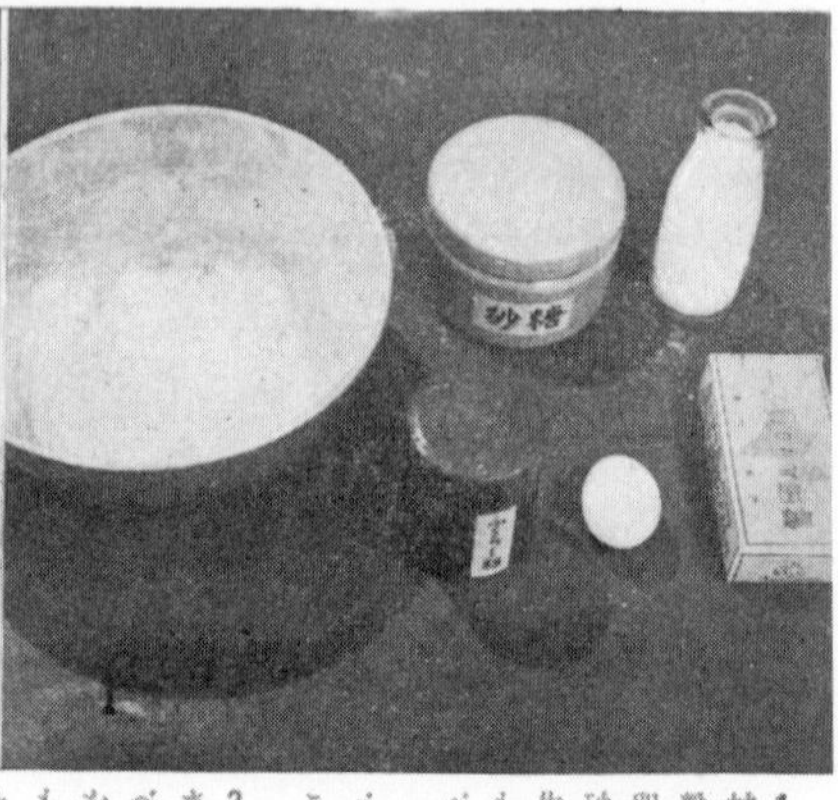

1

2

1 材料として
粉 六〇匁
卵 一個
砂糖 十匁
牛乳 一合半（水でも出来ます）
ベーキングパウダー 茶さじ一杯
バタ 若干
これだけ用意します

2 まず粉をよくふるいベーキングパウダーをまぜておきます。もし粉が湿つていると、よく出来ませんから、フルイにかけてから鍋に入れ火のそばで、十分に乾燥して下さい。

3 ボールに牛乳と砂糖を入れて、よく溶かします。砂糖十匁というのは大体茶さじ山盛り五杯です。

4 次に卵を黄味と白味にとりわけます。

3

4

5 黄味だけを牛乳と砂糖の中に入れて、まぜ合せます。

6 7 白味はボールで泡立てますが、ボールをさかさまにしても落ちなくなると出来たのです。

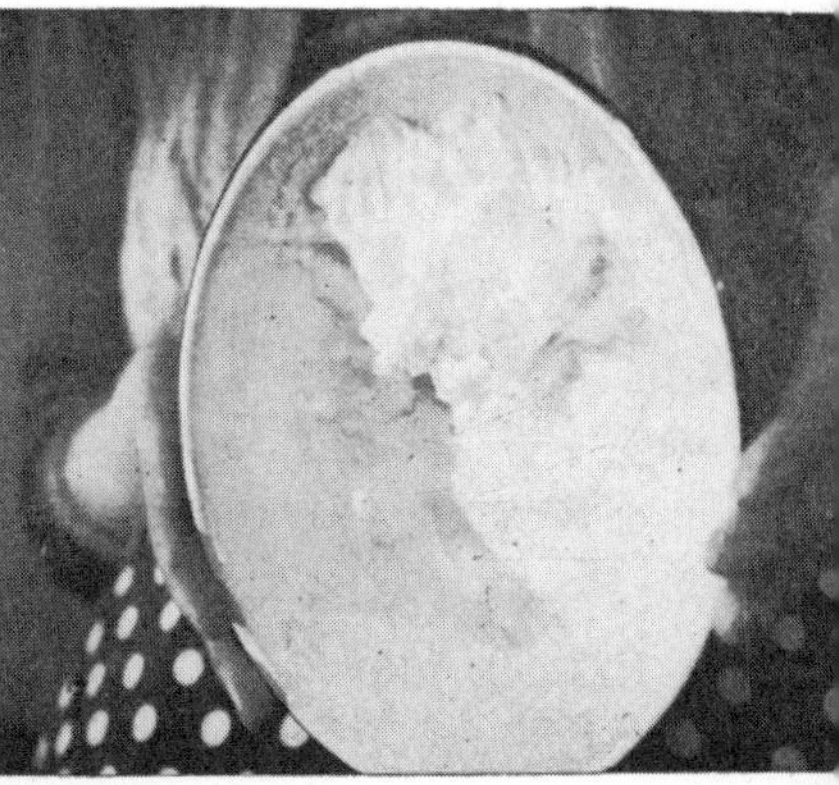

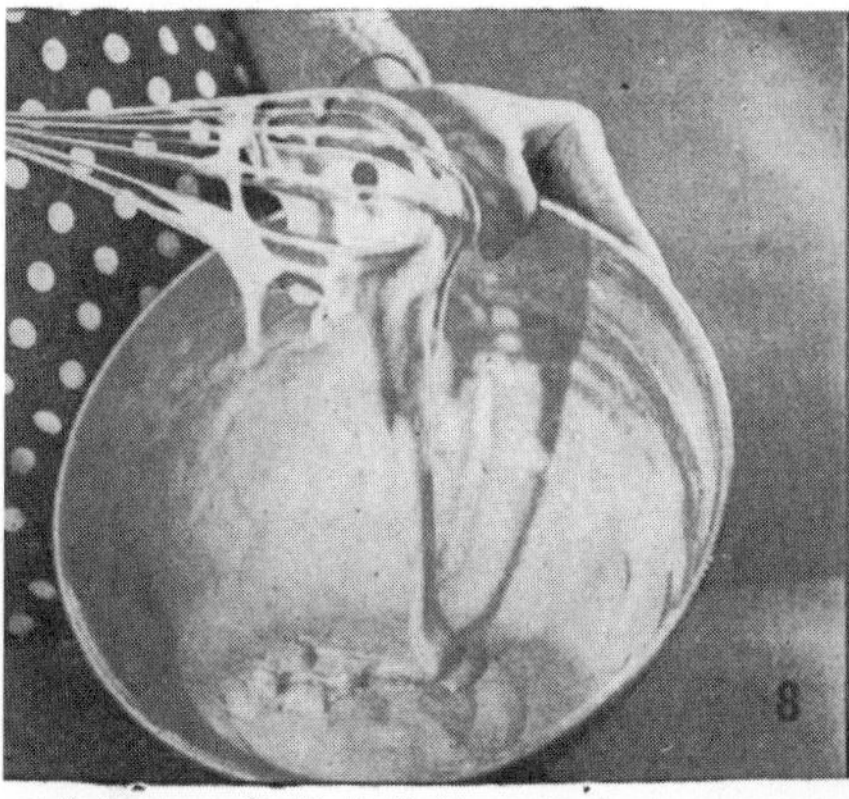

牛乳の中にいよいよ粉を入れますが、粉を一度に入れず、五〇匁ぐらいを入れて見て、足りなかつたらあとを足すようにします。次に白味を入れ、手早く合せ泡立器を上げてタラタラとたれる程度の固さがいいので、コツはあまり何度もかきまわしてネバリを出さぬこと。

9 フライパンに一度油を引いて火にかけ、すつかりふきとつてから玉杓子でタネを落します。火加減はガスなら細火、電熱なら切つたりつけたり位

10 表面にブツブツ穴が開いたら返して軽くやきます。狐色にならなかつたら砂糖が少ないしふつくらしないのはベーキングパウダーが悪いのです。

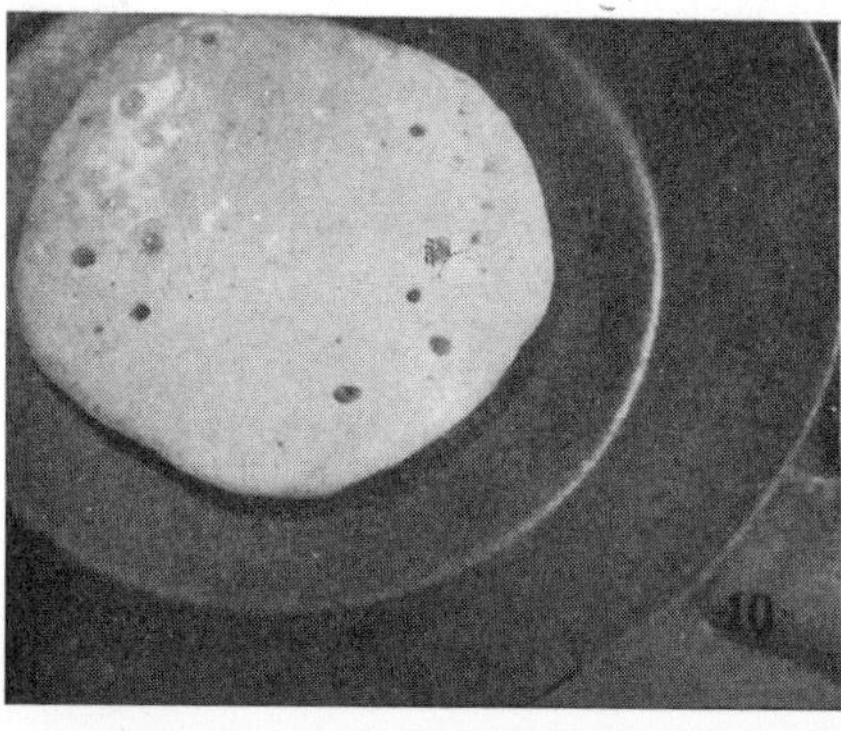

2

これも、浴衣と同じように裁った服である。ちがうところは、細くジュバンのようなエリをつけてみたことと、生地は、浴衣でなく、木綿のプリント地を使ったことである。しかし、これを新しいキモノだなどという気はない。浴衣の手法を採り入れた洋服の、一つの

3 もう一つ、同じデザインの服をお目にかける。これも浴衣地だが、袖先をすこしヒダにつまんでみただけである。白の巾広いベルトでもしめたら、もつとスポーティな感じになるだろう。

●これも、古い台所を改造したものです。勝手口に近い所を流しとし、中央が調理台、右側にレンジをおいてあります。

●この三つの台の前面を出窓にして、そこが干し場兼置場になつています。流しと調理台はステンレス張り、流しの右側には水切台を設けてあります。

●調理台の下にひき出し、その下は流しの下まで一つの大きな引違いの戸棚になつています。その戸棚の中はブリキ板張りですが、これは鼠の進出をくいとめるためです。

●この家のご主人は実は建築家ですが、忙しいためか自分の家の台所などには一向手が廻らず、これは奥さんだけの工夫によるものだと云います。大まかで、少し間が抜けているようなのは、そのためかも知れませんが、戸棚はあまり理づめで細かく仕切るより、大きい方が結局毎日使うには実用的だと云うのが、奥さんの考え方で、編集部も、その考え方に賛成です。

おしまいに もう一つの I字型を

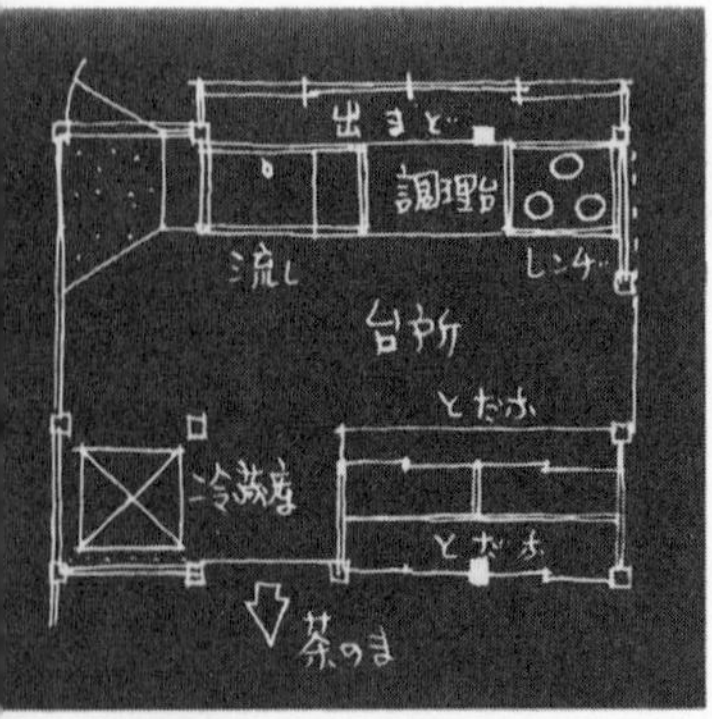

次号はL字型の台所

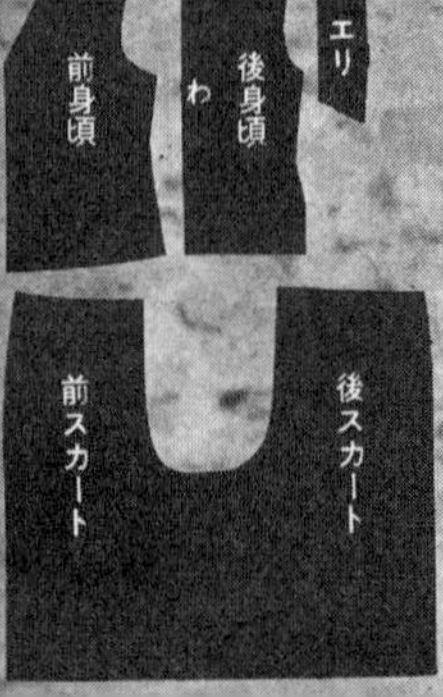

●ブラウスとキュロット・パンツの組合せ。生地は、白地に黒のちぢみ浴衣。ブラウスのエリは、ゆつくり開いている。キュロットパンツは、ウエストをギャザでよせ、ゴムシャーリングでしめる。その上に、共布のベルト。両方で並巾2丈、一反二三〇〇円

ゆかたのテーブルクロス

ゆかた地を、洋風の部屋に使つてみると、なまじの洋風の生地より、かえつて一種の美しさが出るものである。カーテンにしても、テーブルセンターに使つてもあるいは、こんなふうに、テーブルクロスにしてみても、それぞれにおもしろい。木綿の味柄のよさであり、の素朴さである

10

パイナップル・バーガー

材料（3人分）牛ひき肉80匁―90匁　にんにく一片ミジン切り　しょう油大サジ2　サラダ油大サジ3　ケチャップ大サジ2　酢大サジ1　コショー茶サジ$\frac{1}{4}$　パイナップル輪切り3個

作り方

1 にんにく、しょう油、サラダ油、ケチャップ、酢、コショーをよくまぜ合せます

2 肉は、平たい丸型にして、この用意のソースの中に30分ほどつけておきます。ときどきひっくり返します

3 パイナップルは、油をひいた鍋で、両面かるく狐色に焼色をつけておきます

4 つけておいた肉を、たっぷりの油で焼きます。片面がやけたらひっくり返してパイナップルをのせて焼き上げます。鍋に、つけたソースを取り、煮たてて、好みにかけていただきます

★パイナップルをのせなくても、とてもおいしいのです

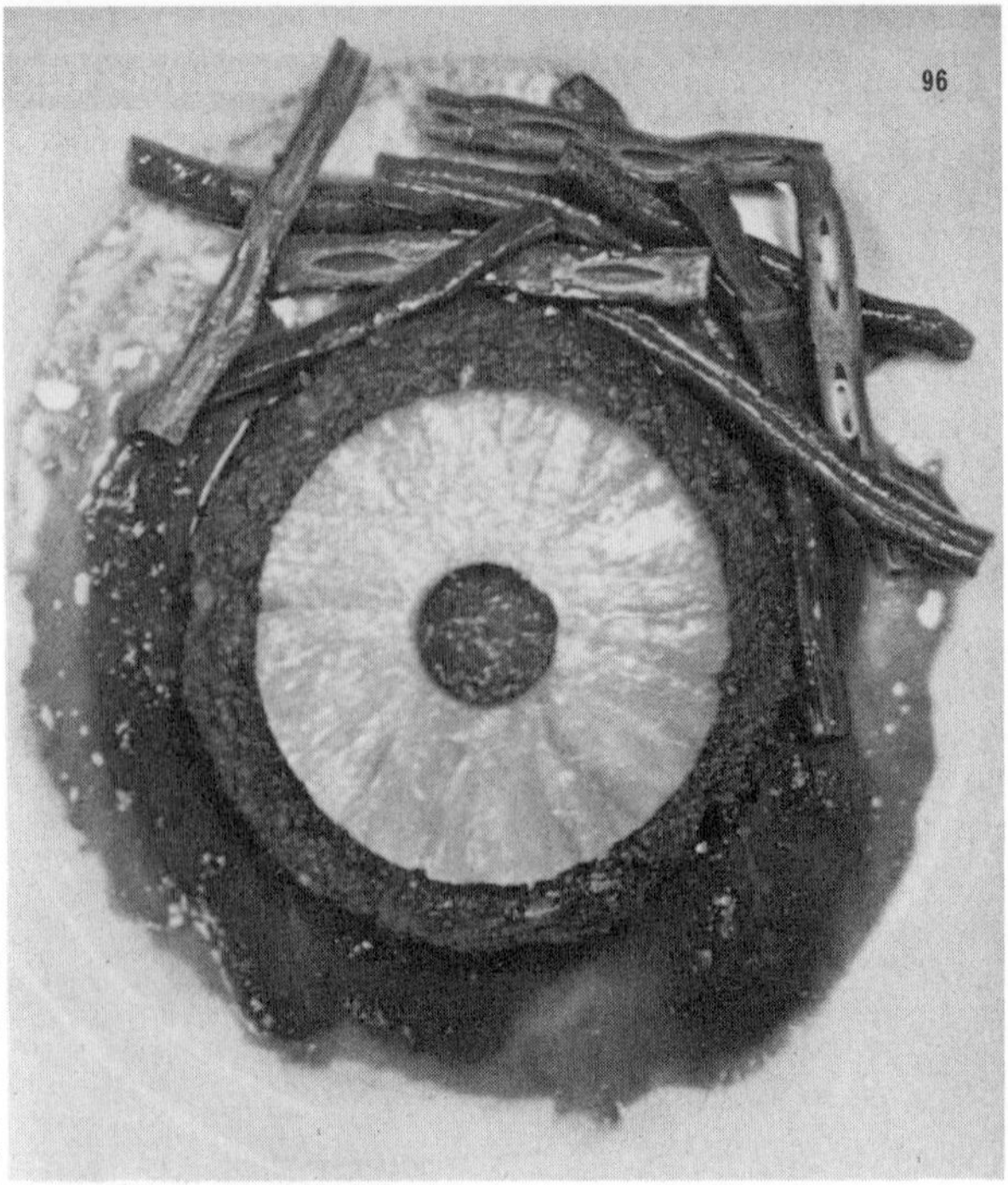

PINEAPPLE BURGER

GERMAN HAMBURGER

11

ドイツ風ハンバーグ

材料（2人分）牛と豚の合びき50匁　玉ねぎのミジン切り大サジ3　牛乳1合　酢大サジ1　片栗粉茶サジ1

作り方

1 肉と玉ねぎをまぜ合せ軽く塩コショーして、たっぷりの油で焼きます

2 牛乳に塩茶サジ$\frac{1}{4}$を入れて煮立て、片栗をとき入れます下しぎわに、酢を入れてソースを作り、上からかけます。わかれて、モロモロが出来てもかまいません。本来は、すっぱくなった牛乳を使うぐらいなのです口当りの変ったソースです。

MEAT BALL KEBAB

12 串さし

材料 （1人1本分）牛と豚の合びき25匁－30匁　玉ねぎ1/4個ぐらい

作り方

1 肉は、二回びきにして、少しこねます。玉ねぎもやはり串に刺せるようにコロッとした形に切ります

2 肉と玉ねぎを交互に刺します

3 たっぷりのアブラで、ウースターソースをつけながら両面を焼きます

RING HAMBURGER

13 ドーナツバーガー

材料 （3人分）牛と豚の合びき60匁　ご飯カップ1/2　玉ねぎ小1個ミジン切り　にんじんおろしてカップ1/3　卵1個　塩茶サジ1

作り方

1 肉、ご飯、玉ねぎ、にんじん、卵を塩コショーして、さっとまぜ合せ、三つのドーナツ型にします

2 たっぷりのアブラで焼いて、その後に、少しアブラをたして、にんじん、じゃがいも、青豆など有合せの野菜をいためます。これにトマトケチャップをたし、塩コショーで味をととのえて、リングの中央に盛ります

●布で作ったバッグ

東南アジアのおみやげに、布で作った大きな手さげ袋をもらいました、とても形は簡単ですが、さげてみると、しゃれています。いろんな生地で、いろんな柄で作ったら、おもしろいものができるだろうとおもいました

＊テストした靴

男の靴をテストする

男にとって、いまは、靴はもう絶体ぜつめいのものである。靴がなければ暮していけないのである。水がしみてこようが、底に穴があいていようが、そんな靴しかなければ、そんな靴をはいてでも、男は働かなければならないのである。水のしみない靴がほしい、底に穴のあいてない靴がほしい、足を入れたとき、わびしい気持にならなくてすむ靴がほしいとおもう。このごろ靴店にならんでいる靴は、どうして、こんなにすぐだめになるのだろうか

←

●これだけあれば小さな中華料理店がひらける

高橋総本店調べ

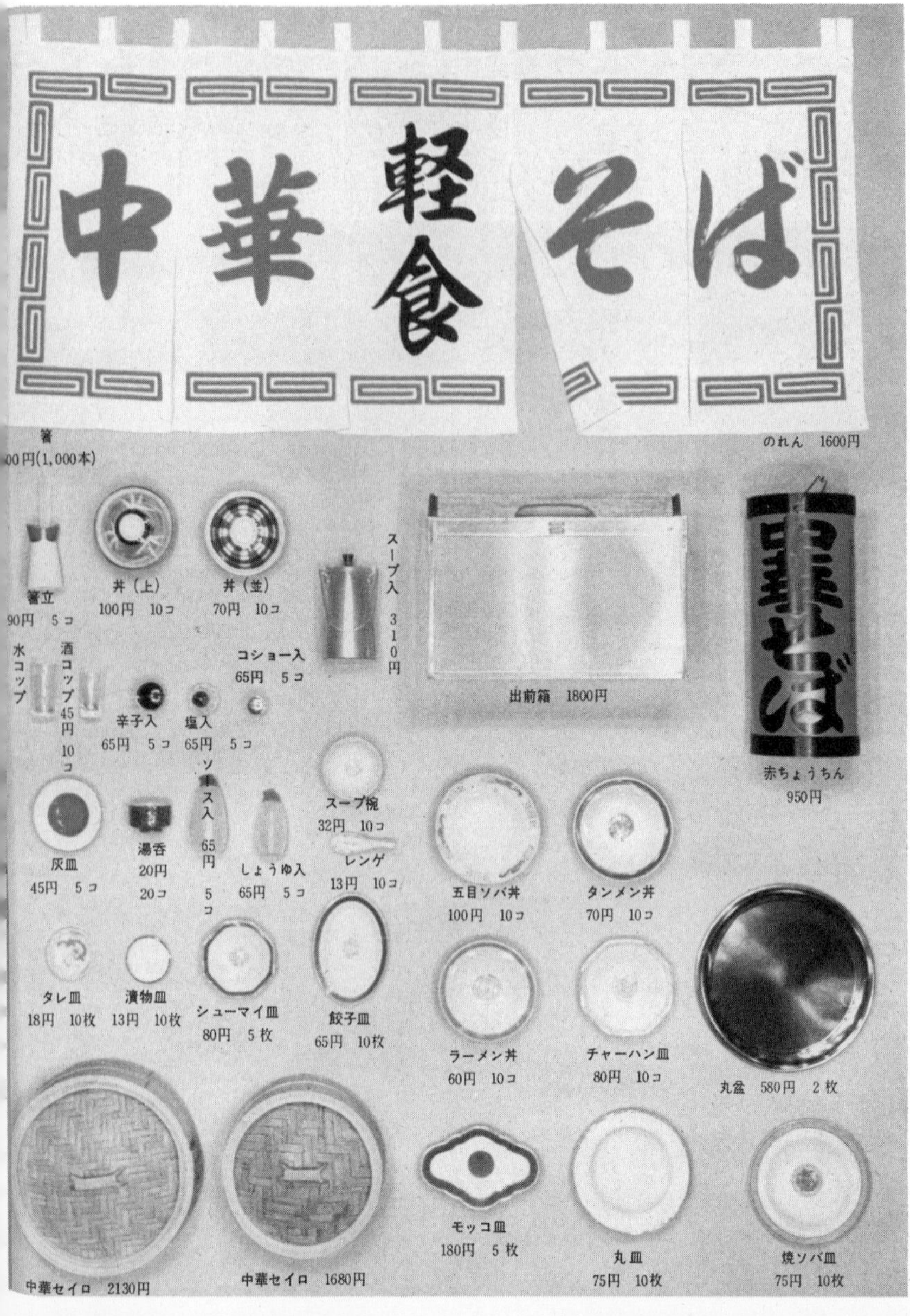

中華 軽食 そば
箸
00円(1,000本)
のれん 1600円
箸立
90円 5コ
丼(上)
100円 10コ
丼(並)
70円 10コ
スープ入 310円
出前箱 1800円
赤ちょうちん
950円
水コップ
酒コップ 45円 10コ
コショー入
65円 5コ
辛子入
65円 5コ
塩入
65円 5コ
ソース入 65円 5コ
スープ椀
32円 10コ
レンゲ
13円 10コ
灰皿
45円 5コ
湯呑
20円
20コ
しょうゆ入
65円 5コ
五目ソバ丼
100円 10コ
タンメン丼
70円 10コ
タレ皿
18円 10枚
漬物皿
13円 10枚
シューマイ皿
80円 5枚
餃子皿
65円 10枚
ラーメン丼
60円 10コ
チャーハン皿
80円 10コ
丸盆 580円 2枚
モッコ皿
180円 5枚
丸皿
75円 10枚
焼ソバ皿
75円 10枚
中華セイロ 2130円
中華セイロ 1680円

合計 50,640円ナリ

餃子鍋 1600円
中華鍋 600円
中華鍋 360円
油コシ
390円
寸胴 2550円
中華油コシ 500円
北京鍋
500円
牛刀 600円
中華包丁 1200円
マナ板 1200円
寸胴 1850円
フライパン
190円
ホーロータンク
160円 2コ
ホーロータンク
190円 2コ
ガスコンロ
1500円 2コ
ホーロータンク 530円
ヤカン 650円
ボール 200円
ボール
130円 2コ
ガス釜（3リットル）
7800円
ふきん
70円 6枚
卵切
80円
菜箸 30円 3組
めん棒 100円
しゃもじ 25円 2本
竹ササラ100円 3本
竹ベラ 10円
油カス取
130円
中華お玉 110円
中華ベラ 110円
餃子返し 210円
そば揚 280円
スープこし
1500円

岸恵子さんの一着のスーツ

ある日曜日の午後、岸恵子さんとおしゃべりしていて、話が外出着のことになりました。

外出着となると、わたくしたちは、どういうものか、ちょっとしたクラス会にまで、なにかというと和服ということになっていて、それが二重生活になって、和服も洋服も十分にお金がかけられなくて、中途半端になってしまっているということから、岸さんはそれなら一番いいのは、ちゃんとしたスーツを一着持っていることです。どうしてこの頃、スーツをみんな着なくなったのでしょうか、とテーラードスーツのよさを話していらっしゃいました。

流行には左右されず、着なれて来ると、ひとりでに身について、しゃれた着方もできるし、ニットスーツなどとちがって、体の線もほどよくかくせます。

ブラウスやセーターやマフラー、それにい

●下にはとっくりのセーターを着ています。色をかえて着ると、またちがった感じになります。お買物に。映画に。

●スカートはすその広がるものをいっしょに一つ作っておくと、旅行に着てゆくのに便利です。8枚はぎの箱ヒダです。

ろんなアクセサリーで、そのたびにちがった雰囲気で着られます。

じゃ私が着てみましょうか、ということで、できたのがこの6頁です。このスーツは、横浜の信濃屋（望月富士子さん）で作らせたものだそうです。

これは　あなたの手帖です
いろいろのことが　ここには書きつけてあ
この中の　どれか　一つ二つは
すぐ今日　あなたの暮しに役立ち
せめて　どれか　もう一つ二つは
すぐには役に立たないように見えても
やがて　こころの底ふかく沈んで
いつか　あなたの暮し方を変えてしまう
そんなふうな
これは　あなたの暮しの手帖です

■あれこれ

編集
花森安治　大橋鎭子　大橋芳子
中野家子　松本政利　河津一哉
宮岸　毅　斎藤　進　杉山泰子
岩澤弘恭　小榑雅章　加川厚子
鎌谷和子　晴気栄子　林　弘枝
池田君子　平野頼子　山口寿美子
大沼悦子　杉村民子　西村美枝
吉越栄夫　卜部ミユキ　永田豊子
小原喜久枝　飯泉　勇　二井康雄
北村正之　立川幸子　増井和子
富永虔一郎　石田睦子　高見真知子
小林玲子　尾形道夫　唐澤平吉
菅野綾子　中川　顕　堀口剛一
山下由紀子　根本　緑　竹内　葵
横山晴子
製作
横山啓一　大畑　威　岡戸久夫
千葉千代吉　田中　章　下元和夫
印刷
青山与三次郎　矢部富三
鈴木信司　北島義俊
製版

表紙
花森安治
装画
花森安治
写真

ナポリの裏長屋のスパゲティ

増井 和子

「暮しの手帖」編集ページから

誰にでも必ず出来るホットケーキ
7号　昭和25年
初の写真入りの料理記事。
手のモデルもつとめる

浴衣のように着る服
16号　昭和27年
花森安治デザインの服を着て、
銀座松坂屋屋上で撮影（左）

KITCHEN
25号　昭和29年
「キッチンの研究」第1回。
I字型キッチン7例を紹介

ゆかたのテーブルクロス
30号　昭和30年
生地、食器ともに銀座で探して
購入。縫製は母・久子

ハンバーグ
36号　昭和31年
千葉千代吉指導の料理ページ。
バリエーションを19種類紹介

布で作ったバッグ
72号　昭和38年
手さげの作り方を紹介。
スタイリング、モデルも担当

男の靴をテストする
77号　昭和39年
読者の協力を得て行った、
商品テストの記事

日本紀行その6 東京・合羽橋
80号　昭和40年
昭和38年スタートの連載。
17ページにわたる特集から

岸惠子さんの一着のスーツ
2世紀3号　昭和44年
「タネ探し」中にお会いした
岸さんに登場を直訴、企画が実現

ナポリの裏長屋のスパゲティ
2世紀36号　昭和50年
パリ特派の編集部員・
増井和子の記事。
右側は、表紙の裏側と目次

「暮しの手帖」とわたし
平成二十二年五月二十一日　初版第一刷発行
平成二十五年四月十八日　第四刷発行
著　者　大橋　鎭子
発行者　阪東　宗文
発行所　暮しの手帖社　東京都新宿区北新宿一ノ三五ノ二〇
印刷所　大日本印刷株式会社
落丁・乱丁などがありましたらお取りかえいたします
定価はカバーに表示してあります
ISBN978-4-7660-0165-5 C0095

（1面からのつづき）
こないだの電話、おばあちゃんも
みんなもよろこんでいました。
こんど そちらから電話するよう
に言いましたが、あとでしらべ
ると、アメリカから日本へは、先方
払いではかけられないそうです
それで七月の終りごろ こちらから
また電話をかけますから、居ど
ころ わから次第しらせて下さい
ペアレンツのメダルのこと、一体どう
いう意味のものか、資料がないので
「あとがき」の台、まだ下せま
せん。ニューヨークへ行ったら
もう一ど聞いてみて下さい。それ
まで どんな人にやったか、どういう
人にやるかなど。（「あとがき」の台は一番最后に下すつもりにしています）